admis à vivre sur un pied familier dans les maisons Italiennes ; aussi je n'attache pas à cet article plus de prix qu'au précédent, & on ne peut y en attacher moins.

J'aurois pu à la vérité insérer dans ce volume & dans la suite quelques *Additions* sur l'histoire naturelle de la partie de l'Italie que j'ai parcourue ; mais n'y ayant gueres fait attention, tant par négligence que faute de connoissances assés solides, j'aurois été réduit à peu près à extraire l'excellent ouvrage de Mr. *Ferber*, qui se trouve déjà en Allemand, en François & en Anglois, entre les mains de tous ceux qui cultivent cette belle branche des sciences. D'ailleurs Mr. *Decker*, empêché par ses devoirs d'Imprimeur du Roi, pendant les derniers malheureux troubles de l'Allemagne, de reprendre l'impression de ces lettres, n'a pu m'avertir que peu de semaines avant la foire qu'il en avoit recouvré le loisir & il lui importoit cependant, comme à moi, de ne pas négliger cette occasion de faire connoître au Public que nous n'avons pas voulu lui en impofer par le titre des premiers volumes & ne pas lui donner la fuite qu'ils annonçoient. Voilà une autre raifon pourquoi ce volume fe reffent fi peu du foin & d'un certain degré d'utilité que j'aurois voulu lui donner; pourquoi le ftile y eft pire qu'épiftolaire; pourquoi le volume eft un peu moins fort que les précédens; pourquoi on y trouve des minuties, pour ne pas avouer des inepties, que j'ai rougi, mais trop tard, de lire imprimées &c. Je penfe qu'après ces quatre pages on doit voir où j'en veux venir; tout mauvais Auteur, s'il n'a pas la confcience nette & qu'il n'eft pas aveuglé pas trop de préfomtion, cherche à capter la bienveillance, à fe ménager l'indulgence de fes lecteurs, par quelqu'efpece d'apologie; eh bien, j'en conviens, c'étoit auffi mon deffein, puiffai-je y avoir réuffi.

TABLE.

Lettre VIII. Voyage d'Antibes à Genes par mer. Nice. Savone. — Page 1

Lettre IX. Séjour à Genes. — — 19

Lettre X. Voyage de Genes à Milan par Pavie. Séjour à Milan. — — — 52

Addition XIII. Pour les Amateurs de la Musique & de la Danse. — — 82

Lettre XI. Continuation du séjour à Milan. 101

Addition XIV. Histoire & Description de l'Observatoire Royal à Milan. — 135

Lettre XII. Voyage de Milan à Parme, par Plaisance & séjour à Parme. — 163

Lettre XIII. Fin du séjour à Parme. — 194

LETTRES
SUR DIFFÉRENS SUJETS.

TOME TROISIÈME.

LETTRE VIII.

de Genes, le 5. Février 1775.

Monsieur,

Vous aurés reçu la longue lettre que je Vous ai écrite de Savone, mais Vous ne savés pas encore comment j'y suis venu; je vais Vous le dire avant de Vous rendre compte de mon séjour à Genes, & comme

LETTRES

SUR DIFFÉRENS SUJETS,

ÉCRITES PENDANT LE COURS D'UN VOYAGE PAR L'ALLEMAGNE, LA SUISSE, LA FRANCE MÉRIDIONALE ET L'ITALIE;

EN 1774 ET 1775.

avec des additions & des notes plus nouvelles, concernant l'Histoire naturelle, les Beaux-Arts, l'Astronomie, & d'autres matieres.

PAR

MR. *JEAN BERNOULLI*,

des Académies des Sciences de Berlin, de Pétersbourg, de Stockholm, de Bologne, de Lyon, & de Marseille; de la Société pour l'encouragement des Arts, de Londres; de celles des Physiciens de Dantzic & de Bâle; de l'Académie des Arcades de Rome.

Tome III.

A Berlin,
Chés G. J. DECKER, Imprimeur du Roi. 1779.

AVERTISSEMENT.

J'ai du être fort embarraſſé lorsqu'il a été queſtion de rédiger, pour la ſuite de ces *Lettres*, le journal de mon voyage d'Italie, & je l'ai été réellement. J'en avois déjà mis presque toute la ſubſtance dans l'ouvrage volumineux que j'ai publié en Allemand ſous la forme d'Additions à la Deſcription de l'Italie de Mr. *Volkmann* & loin de penſer à traduire ces Additions, dans lesquelles j'avois fait entrer encore tant de matériaux recueillis ſeulement depuis mon retour, je pouvois à peine me résoudre à faire usage une seconde fois, quoique dans une autre langue & dans un ordre tout différent, de ce que je puis dire avec le plus de fondement m'appartenir en quelque maniere. Outre cela je venois d'envoyer à Mr. *de la Lande* un MS. de 300 pages in folio, contenant des remarques sur son Voyage d'Italie, pour en employer ce qu'il jugera à propos dans la nouvelle édition que son libraire a annoncée, & on peut bien s'imaginer que mon Journal est entré pour beaucoup dans ces Remarques; d'autant que j'y ai omis les articles de littérature qui ont enflé si fort mes *Zusætze*. Dans cet embarras, avec cette répugnance de reproduire à différentes réprises aux yeux du public des choses auxquelles je n'attache aucune prétention, obligé cependant de faire entrer dans ces lettres un *voyage d'Italie*, puisque le titre l'annonçoit, je n'ai pu prendre d'autre parti que de tirer de mon Journal un extrait tel à peu près que je l'envoyois effectivement à mes Amis à Bâle & à Berlin & auquel ils avoient paru prendre plaisir; d'y être très sobre sur toutes les choses décrites à satiété par d'autres voyageurs; de m'étendre un peu plus sur les collections les moins connus encore de curiosités de la Nature & de l'art, & d'appuyer à côté de cela sur trois objets encore, desquels je n'avois fait presqu'aucune mention, ni dans les *Zusætze* ni dans les Remarques que j'ai envoyées à Paris. Ces objets sont: 1°. L'*Astronomie pratique*, partie sur laquelle par devoir, comme par goût, j'ai du porter une attention particuliere. 2°. La *Musique & les spectacles*. C'est peu de chose que ce que j'ai pu en dire, mais fera peut-être plaisir à quelques Lecteurs ou Lectrices. 3°. *Quelques usages de la vie ordinaire des Italiens*. C'est très peu encore que ce que j'en rapporte, par ce que je n'ai voulu que dire que ce que j'ai observé moi-même & que je n'ai pas lu ailleurs, & les étrangers, comme on sait, ne sont pas

j'ai vu que je ferois plaisir à plusieurs de mes amis, particulierement dans ma famille, en leur communiquant régulierement un extrait du Journal de mon voyage, Vous voudrés bien permettre qu'à l'avenir ces lettres passent sous leurs yeux avant de Vous être envoyées & que je leur conserve la forme, quoiqu'un peu seche, d'un Diaire.

Le 26. Janvier 1775.

Le vent se montrant à la fin moins contraire cet après midi, je me suis embarqué dans la félouque où j'avois arrêté une place, à raison dé 12 liv. de france, sans les étrennes, & entre 4 & 5 heures du soir nous démarrâmes. Je ne tardai pas de m'appercevoir que ma bonne fortune m'avoit donné un Compagnon de voyage. Vous comprenés, Monsieur, que je prends ce terme dans un sens étroit & que je regarde comme nuls plusieurs passagers desquels il n'y avoit aucun parti à tirer. En effet sur cette même félouque s'est trouvé pour mon bonheur, parmi bien des gens de la derniere classe & dont je ne comprenois pas même le jargon, un Mr. *Latapie,* de Bordeaux, que je suis tenté de nommer Docteur *in omni scibili,* puisque non seulement il est gradué en Droit & en Médecine, mais qu'il joint aux connoissances que ces grades supposent une quantité d'autres: de littérature, de langues mortes & vivantes, d'hiſtoire naturelle &c. bien rares dans un jeune homme & particulierement, ſi j'oſe le dire, dans un jeune François. C'eſt lui qui eſt le traducteur de l'ouvrage abſtrait de *Thomas Whately* ſur les jardins Anglois, auquel il a joint auſſi en françois une deſcription des jardins de *Stowe* (*). Il va faire à préſent à loiſir le voyage entier d'Italie & de Sicile & je le crois même appuyé du Gouvernement pour recueillir des remarques intéreſſantes concernant l'hiſtoire naturelle, les arts, les manufactures & d'autres objets utiles de ce genre (**).

Le vent ne nous fut pas longtems favorable & nous fumes obligés de relâcher dans le port de Nice après 8 heures du ſoir. Nous paſſames la nuit dans la félouque & je dormis

---

(*) *L'art de former les jardins modernes ou l'art des jardins Anglois*. Trad. de l'Anglois; à quoi le Traducteur a joint un diſcours préliminaire ſur l'origine de l'art, des notes ſur le texte, & une deſcription détaillée des jardins de Stowe, accompagnée du plan. Paris 1771. chés Jombert. gr. 8. d'env. 470 pages. On trouve un extrait de l'original (*Obſervations on modern Gardening &c.* London 1770) dans le Journ. Enc. 1 Sept. 1770.

(**) Mr. *Latapie* a déjà donné un avant-goût de ſes obſervations en Italie par un écrit ſur les pierres factices des Bains de St. Philippe & encore d'autres morceaux, ſi je ne me trompe, dans le Journal de Phyſique de Mr. l'Abbé *Rozier*.

paſſablement ſur un petit matelas que je payois ſéparément au maître du bâtiment.

Le 27. Janvier.

Je pris avec Mr. *Latapie* la réſolution d'aller à terre & même nous refuſames de prendre gîte dans une petite auberge près du port; parce que je prévoyois que nous y paſſerions très mal notre tems ſi le mauvais tems devoit durer & qu'elle me faiſoit ſouvenir d'une ſemblable dont *Fielding* parle dans ſon voyage de Lisbonne. Nous allames droit en ville à l'Hôtel de France, une bonne auberge où nous avons toûjours mangé à trois avec un vieux Comte *de Perini*. Nous portámes une lettre de recommandation, dont je m'étois muni à tout évenement, à Mr. *de Andrëis*, Négociant distingué à Nice, qui nous fit mener dans ſon jardin hors de la ville. J'admirai le bon ordre dans lequel les orangers & les citronniers y ſont plantés & ſurtout le grand nombre de ces arbres, qui monte à 1100. Mais c'eſt auſſi le jardin peut-être le plus remarquable de Nice & la maiſon, qui eſt très bien bâtie, avec une vue magnifique ſur la mer, a été occupée dernierement par un des plus célebres Mécenes françois, par Mr. *de Trudaine*. Je me ſuis promené de même fort agréablement ſur les remparts autour de la ville, du côté de la campagne; la vue y est charmante. Le soir j'eus la visite de Mr. *Vierne*, frere du Consul de Prusse & qui a été longtems à Berlin, associé du poëte de la *Hausvogtey* (*). Il nous mena chés Mr. son frere lequel fait très galamment les honneurs de sa Cour. J'y fis la connoissance de Mr. *de Lagno*, chymiste, ami de Mr. *Durade* & qui a copié pour l'Académie de Berlin le mémoire de son ami sur la *Nutrition* que la classe de Physique a couronné.

Le 28. Janvier.

Il a plu tout le jour; cependant nous avons fait un tour au port, qui est à un quart de lieue de France, de la ville. On y va par un beau chemin qui a été fait à grands frais autour d'un rocher. On n'a commencé que depuis peu d'années à mettre ce port en meilleur état & il est entierement libre, à l'exception, je crois, du tabac. On dit qu'on continuera jusqu'au port une terrasse pavée & longue de plus de 400 pas qui fait le principal ornement de la ville de Ni-

---

(*) Un manufacturier françois nommé D....s, Auteur de quantité de mauvais vers, qu'il a faits dans cette prison & dont la gazette littéraire de Berlin a été longtems inondée; il prenoit lui-même la qualité de *Poëte de la Hausvogtey* & quelquefois sa verve étoit assés heureuse.

ce. Nous nous y fommes promenés avec un plaifir mêlé d'étonnement; elle regne le long de la mer & au deffous font des magafins; elle doit avoir coûté une grande fomme. Entre cette terraffe & les maifons de l'autre côté eft un cours planté d'arbres. On bâtit beaucoup auffi de ce côté vers la gauche, entre autres une Eglife neuve, & il y a apparence que dans quelque tems une partie du moins de la ville fera belle, ce qu'on ne peut pas dire aujourd'hui. Les Anglois contribuent le plus à y faire circuler l'argent & à mettre les habitans en état de bâtir de meilleures maifons; il n'y avoit pas moins de 35 familles Angloifes à Nice cet hyver. Les fortifications de la ville n'exiftent plus, & pareillement on ne voit plus, me dit-on, que les fondemens du fort de *Turbia*, au deffus de Monaco, où un livre fort moderne place une garnifon piémontoife (*). Je fuis entré dans

---

(*) *Krebels Europ. Reifen.* Ed. de 1767. T. II. p. 849. Au refte on trouvera une defcription détaillée de Nice & de fes environs, y compris la Principauté de Monaco, dans le *Deutfches Mufeum* Mai & Juin 1778. Defcription que j'apprends avoir été traduite en françois pour la Gazette Litt. de Deux-ponts: elle eft d'un obfervateur des plus exacts & des plus pénétrans, du célebre Mr. *Sulzer*, que l'Acad. R. de Sc. & B. L. de Berlin a eu le malheur de perdre depuis peu. Il eft inutile après cela de nommer encore le fombre Voyageur *Sharpe* qui a décrit la même ville fort au long.

quelques églises mais je n'ai rien vu de bien remarquable. Aux Dominicains est un assés joli pavé de petites pierres qui forment un dessin.

Les femmes de la Compagnes portent ici au dessus du front un singulier bourlet de fil, autour duquel elles roulent les cheveux par séparations, de façon qu'on voit alternativement un espace en fil & un espace en cheveux.

Le 29. Janvier.

Nous allions monter à cheval, Mr. *Latapie* & moi, pour faire un tour à Villefranche, à une lieue de Nice, & dont le port mérite d'être vu (*), lorsqu'on est venu nous avertir que le vent avoit changé & qu'il falloit s'embarquer. Nous n'avons eu que le tems de prendre congé de Mrs. *Vierne*, qui nous avoient fait beaucoup de politesses encore la veille & à $9\frac{1}{2}$ du matin nous sommes rentrés dans la félouque. A $10\frac{1}{2}$ elle est sortie du port; le tems a été beau & j'ai été moins malade que dans le petit trajet d'Antibes à Nice. Nous vimes assés de

A 4

(*) J'ignorois alors que Mr. le Chev. de *Foncenex*, Mathématicien connu par de bons mémoires dans les deux premiers Volumes des mémoires de la Soc. R. de Turin y étoit en garnison, & y montoit un Observatoire. Voyés le voyage cité de Mr. *Sulzer* & mes *Nouv. litt.* cah. I. p. 18.

près, *Villefranche*, *Monaco*, *Ventimiglia* & d'autres villes de cette côté si fort peuplée. Je fus bien aise particulierement de passer de jour à la vue de Monaco, à cause de l'éloge qui a été fait de cette ville, l'année passée dans la gazette littéraire de Berlin; je ne sais cependant si je m'y plairois; elle me paroît serrée un peu de trop près par le rocher qui lui sert de manteau.

La nuit a été très belle également & au défaut de la côte j'ai pris quelque plaisir à voir la mer lumineuse à chaque coup de rames; je ne Vous en dis rien de plus, on a assés dissérté sur ce sujet (*). Mais au reste je l'ai passée bien mal à mon aise, cette belle nuit, à cause de la brutalité d'un rustre Génois qui, nonobstant qu'il me vit fort indisposé, m'a obligé de prendre une place très incommode, quoique je ne le génasse nullement dans celle que je m'étois ménagée à côté de lui, il me fit, ce qu'on nomme si improprement, une *querelle d'Allemand*; en entama une fort grosse & fort longue avec *Latapie*, qui avoit pris mon parti, & doit avoir menacé même, à ce qu'on m'a dit, de me jetter

---

(*) Mr. *de la Lande* a rassemblé presque tout ce qui a trait à cette matiere dans un mémoire fort intéressant inséré dans le *Journ. des Sçav.* 1778. Févr. Ed. de Holl. Il a paru cependant depuis encore un autre écrit sur cette matiere, mais dans ce moment je ne puis me rappeller où je l'ai lu.

dans la mer. Il avoit pour lui le reste de la Canaille & une femme entr'autres uniquement, suivant ce que j'ai pu comprendre, parce qu'avec mon matelas, mon sac de pied, ma pelisse & mon sac de nuit pour coussin, j'avois réussi à me faire une espece de lit au fond de la barque. Elle s'écrioit à chaque instant *che bagagio;* mon accablement me fut favorable du moins en un point; j'étois peu sensible à ce qui se passoit; je ne savois rien de la menace du Génois, & quoique fâché que mon second fut obligé de tenir tête pour l'amour de moi à tous ces marauts, je ne pouvois m'empêcher d'en sourire quelquefois, d'autant que plus nourri de la lecture des poëtes, qu'habitué à parler l'italien ordinaire, son langage tranchoit fort avec le leur, tant pour le ton que pour la facilité.

Le 30. Janvier.

Le lever du Soleil a été très beau encore, mais suivi aussitôt d'un tems couvert & pluvieux, & de vent contraire. Nous n'eumes d'autre parti à prendre que d'entrer après 10 heures du matin dans le port de *Savone*, & c'étoit encore un grand bonheur pour les deux curieux de nous trouver précisément si proche de la ville de l'état de Genes, la plus considérable après la capitale. Nous nous logeâmes à *la Rose*, une auberge de grande architecture avec une belle cour à portiques. Nous y avons été bien servis, indépendamment du bon brocoli, des *treghe*, ces petits poissons délicats qu'on nomme *Rougets* en Provence, & des *ravioli*, espece de macaroni farcis pour lesquels les Génois excellent.

Nous allâmes voir le Dôme, où nous remarquames un bel orgue & un joli Mausolée d'un Evêque de la maison *Spinola*. Nous nous promenames fort loin dans les fauxbourgs où nous vîmes de beaux jardins. La ville aussi nous donna quelque avant-goût de la capitale, par le bon pavé en briques posées de champ & par les beaux chambranles des portes & des fenêtres, lesquels sont de marbre & de *lavezza* (ardoise), avec des bas-reliefs, des médaillons, des masques &c. Au retour je m'amusai assés longtems à parcourir la boutique d'un marchand de livres & d'estampes; quoique point libraire il étoit bien mieux fourni que deux soi-disans libraires chés lesquels j'étois entré à Nice. J'ai apperçu un caffé, mais je l'ai trouvé mal fourni; on est allé vis à vis, chés un apothicaire, chercher la limonade que j'avois demandée.

Le 31. Janvier.

Ce matin je me suis promené seul pour voir d'autres églises; j'ai vu celle de la *Conception* simple, mais belle & neuve; celle de *St. Anne* décorée de beaux autels à colonnes de marbre; la belle églife des *Scolopies*, très riche en dorures & d'ailleurs toute peinte à fresque; celle des *Jéfuites*, un peu dans le même goût, mais plus grande & avec une belle façade; celle des *Auguftins* affés remarquable par fa grandeur; celle de *St. Dominique*, qui a de beaux autels, avec des colonnes de l'ordre Corinthien, & trois ou quatre autres autels très beaux en marbre, avec des médaillons en bas relief.

Après le diner j'entrepris avec Mr. *Latapie*, par un affés mauvais tems, une courfe d'une bonne lieue, pour voir au bourg d'*Albifola*, qu'on traverfe, le palais d'été du feu Marquis *della Rovere*. Vous auriés de la peine, Monfieur, à Vous repréfenter notre étonnement en voyant fitôt & lorsque ne nous y attendions pas encore, à quel point les Italiens peuvent porter: la grandeur, le goût, l'élégance & même la volupté dans leurs maifons de Campagnes. On entre dans celle de *Rovere* par une cour ou un efpece de parterre, garni de pots à fleurs & d'orangers, au bout duquel s'éleve un beau tertre en forme de théatre, avec une ftatue coloffale dans le fond, & derriere s'étend en divergeant le jardin principal, qui confifte en allées de vignes à perte de vue, & qui eft entouré d'un mur peint de jaune & blanc. A la gauche de la premiere entrée est un grand corps de logis depuis lequel s'étend jusqu'au tertre & en se courbant, une terrasse ou gallerie garnie de statues de marbre. Cette terrasse forme une rampe douce qui aboutit en fer à cheval au niveau de la cour; & on y a pratiqué des appartemens charmans, en boiserie sculptée en fleurs & vernissée; il y a salon d'été & salon d'automne, & des cabinets délicieux par l'élégance & la fraicheur. De l'autre côté est une terrasse pareille sous laquelle se trouve une grotte magnifique garnie de grandes pinnes marines & d'autres coquillages estimés; l'intention du fondateur a été sans doute qu'il y eût de ce côté une maison semblable à l'autre, mais ce plan n'a pas été exécuté, comme il arrive presque toujours dans les entreprises d'architecture, d'une certaine étendue; ce défaut n'empêche du moins pas l'effet du premier coup d'œil en entrant, la symmétrie des objets qu'on a devant soi est parfaite & l'élegance de la courbure rentrante des terrasses ainsi que la maniere dont le tout est orné, ne peut manquer de frapper.

L'intérieur du corps de logis dont j'ai parlé mérite également d'être vû; on y trouve une très jolie chapelle; un salon avec les portraits de la maison, laquelle a produits deux Papes,

Jules II. & *Sixte* IV; un autre falon avec des buftes de marbres, entr'autres celui du dernier Marquis *della Rovere*, reffemblant à une ftatue de ce même Seigneur, qu'on voit dans une place publique à *Savone*; de beaux tableaux dans différentes chambres; un petit falon peint comme fi les murs étoient de pierres communes & de briques caffées; &c. Les planchers ne font qu'en briques, mais elles repréfentent des deffins à fleurs, ce qui ne laiffe pas de faire un bon effet.

Peu avant *Albifola* on traverfe les jardins de Mr. *Marcellino Durazzo*, par le centre d'une immenfe étoile; ils ont un air encore plus riant que ceux de *Rovere*, d'autant qu'ils font fitués en partie, de même que le palais, fur une hauteur; que les murs font peints en couleur de rofe & blanc, & qu'il y a plus de parcs & d'arbres dans les jardins; le palais paroît moins magnifique, mais il eft achevé, il confifte en un corps de logis flanqué de deux pavillons devant lesquels font des terraffes garnies d'orangers, & une belle avenue répond à la façade principale.

Je revins très fatigué & cependant nous fommes allés encore le même foir à un bal; mais pas à un bal des plus brillans ni pour y danfer. Le garçon de l'auberge nous perfuada d'aller voir ce prétendu bal, nous assûrant qu'il y auroit des gens comme il faut & comme c'étoit en Carnaval nous fûmes assés bons pour le croire; mais nous ne vîmes que des gens de bas alloi, très en négligé & *alterno terram quatientes pede* dans une très petite salle. Je ne fus cependant pas faché d'avoir vu cette petite fête; j'ai remarqué des façons de danser qui m'étoient tout à fait inconnues & en partie assés plaisantes; par ex. une danse à deux paires où au lieu d'aller à la rencontre l'un de l'autre, visage à visage, on se joignoit dos à dos; un cotillon ou contredanse françoise ordinaire, à 4 paires, où l'on feignoit des embrassades fort tendres, bras dessus bras dessous, dans le fond plus décentes que bien des figures que nous voyons exécuter tous les jours par nos femmes & par nos filles sans oser seulement leur dire ce que nous en pensons. Ils ont dansé aussi des cotillons extrêmement embarrassés par la variété des figures, avec une facilité surprenante; & une de leurs danses encore m'a paru assés semblable à la *provençale*.

Le 2. Février 1775.

Nous avons passé ce matin chés un horloger qui m'a paru fort intelligent & qui avoit une pendule angloise à secondes dans sa chambre. Enfuite nous avons vu la belle chapelle *Sixtine* rébatie par le feu Ms. *della Rovere*, qui étoit arriere Neveu du Pape *Sixte* IV. auquel cette chapelle doit fon nom & fon exiftence; elle eft très ornée de dorures & de fleurs fculptées & verniffées; les armes de *Rovere* y font diftribuée avec goût & des pilaftres d'ordre corinthiens relevent le tout. Le Reftaurateur a rétabli auffi le maufolée du Pere & de la Mere de *Sixte* IV, placé fur un autel de marbre, avec une infcription du Marquis.

Nous avons vu en paffant encore quelques autres églifes, desquelles heureufement pour Vous je n'ai pas pris note, & après le diner nous avons fait une promenade agréable fur une hauteur qui domine le jardin du *Palazzo Mario*, belle maifon auprès de laquelle nous étions logés.

Nous nous fommes convaincus, en allant une feconde fois au port, que la mer étoit trop groffe pour pouvoir nous y expofer, quoique le vent eût changé. Ces petits voyages de mer fur de chetifs navires font bien défagréables & je crois avoir remarqué, en lifant les rélations, ou en entendant les narrations d'autres voyageurs, que c'eft plus fouvent en venant de France qu'en y allant, qu'on refte longtems fur cette côte, arrêté par les vents contraires ou trop violens.

Les Femmes à Savone ont des corsets & sont coeffées à l'Alsacienne, mais avec un toupet; plusieurs portent sur la tête & sur les épaules un voile double d'Indienne à fleurs. Les gens sont honnêtes & polis & ne cherchent pas à surfaire.

J'ai remarqué quelques usages différens de ceux de la Provence, mais il ne vaut presque pas la peine d'en parler. Par ex. il n'y a point de table d'hôte comme en France. On ne jete plus, comme en Provence, les immondices les plus dégoûtantes dans les rues, & au lieu de ces vilains grands pots de chambres à tout besoin, dont vous avés peut-être ouï parler, on a des chaises & des commodités. Dans la partie de la France que je viens de traverser, on trouve régulierement des mouchettes sur la cheminée, cela n'est plus ici, il faut en demander. Dès la Suisse j'ai trouvé dans les lits un traversin, mais en Suisse & en France il étoit enveloppé autrement dans l'extrémité du drap, & sans être accompagné d'un oreiller, comme il l'est ici. Au reste, Monsieur, Vous excuserés ce bavardage; obligé de faire la quarantaine dans un lieu où je ne connoissois personne & où je n'entendois gueres le langage des gens du pays, je n'ai pû m'empêcher de remplir mon Journal de quantité de minuties pour me distraire. La particulacularité d'ailleurs, du traverfin & des mouchettes m'a paru un peu remarquable, parce qu'elle indique l'efprit imitateur qui regne dans une même nation & la ligne de demarcation entre deux nations voifines.

Le 2. Février.

Avec tout cela l'impatience m'avoit gagné abfolument & j'étois décidé à affronter les fatigues de la route par terre, pour me tirer enfin de Savone; dans cette intention, après avoir fait encore un tour au port & avoir revu les principales églifes, je louai un cheval pour aller dabord à *Albifola*, voir fi un torrent qui fe jette là dans la mer & qu'on m'avoit dit groffi extrêmement permettroit de paffer; j'étois réfolu, fi je le trouvois guéable, de prendre le lendemain une mule & un guide & de continuer ma route par terre, je pouvois me flatter que dans ce cas mon Compagnon de voyage feroit de la partie. Mais au moment que je fortois de l'auberge, perché fur ma Rofinante, voilà les matelots qui viennent nous avertir que le vent a baiffé & qu'ils vont fe remettre en mer; l'homme au cheval fe contenta honnêtement de la moitié du prix convenu; je n'eus rien de plus preffé que de ferrer mes effets & vers 4 heures du foir nous fortimes du port, lequel, foit dit en paffant, eft de peu d'importance aujourd'hui; le voisinage de celui de *Genes* est cause qu'on l'a négligé au point qu'on auroit de la peine aujourd'hui à le nettoyer suffisamment pour qu'il pût tenir de gros vaisseaux; même les Génois doivent eux-mêmes l'avoir comblé en partie. Le tems continua d'être passable & à 11 heures du même soir nous entrâmes dans le port de *Genes*, à 7 lieues de Savone. Malheureusement il étoit trop tard pour les cérémonies de la visite & il fallut passer encore une mauvaise nuit dans la félouque.

Le 3. Février.

A 8 heures nous eûmes fini d'arranger, même sans beaucoup de difficultés, les préliminaires auxquels les nouveaux débarqués sont assujettis, & nous nous logeâmes chés *Souliers*, aubergiste françois près de *S. Siro*, qui tient à un prix raisonnable une très bonne table d'hôte, ensorte qu'il n'est pourtant pas généralement vrai qu'en Italie & à Genes particulierement on ne trouve pas de tables d'hôte, comme on me l'avoit assûré. J'ai porté le même matin des lettres de recommandation à plusieurs Négocians des plus distingués de la ville & je n'ai pas tardé de me convaincre que Genes mérite à juste titre l'epithete magnifique que le proverbe Italien lui donne. Je Vous informerai de mes Courses ici dans ma lettre suivante.

LETTRE IX.

de Genes, le 16. Février 1775.

Monsieur,

Outre les Courses que j'ai faites le matin de mon arrivée ici pour remettre mes lettres de recommandation, lesquelles m'ont attiré dans la suite bien des politesses, j'ai parcouru le même matin la célebre *Strada nuova* & la *Piazza amoroso* qui est au bout de cette rue & qui ne mérite pas moins d'être citée pour la beauté des palais qui la garnissent. Quant à la *Strada nuova* il est certain que c'est une rue comme on n'en voit peut-être pas de pareilles, pour la magnificence soûtenue des bâtimens; mais elle est fort étroite & il y auroit peut-être à redire pour le goût aux façades de ces palais, ils sont trop chargés d'ornemens même un peu lourds & les connoisseurs y trouveront je crois facilement encore d'autres défauts contre la bonne Architecture: — J'ai vu aussi deux des plus belles églises *St. François* & *St. Cyr;* cette derniere est réellement d'une richesse extraordinaire.

Ayant abordé, à Genes de nuit je n'avois pu voir la beauté du coup d'œil que préfente cette ville, avec fes charmans environs, à ceux qui arrivent par mer, coup-d'œil célébré par bien des voyageurs; mais dès le même foir j'ai eu occafion de m'affûrer que leurs éloges font très fondés. Je pris avec plufieurs étrangers, avec lesquels j'avois diné à table d'hôte, une barque qui nous conduifit à l'entrée du port; nous montâmes là fur une frégatte angloife de 28 canons, je l'ai trouvée grande & commode & j'ai eu le plaifir de fervir de truchement à la compagnie. — A propos de Vaiffeau de Guerre, je crois avoir oublié de Vous dire que j'ai monté dans le port de Toulon fur les plus gros Vaiffeaux de ligne qui s'y trouvoient alors, l'un le *Tonnant* de 80 l'autre le *Languedoc* de 84 canons; celui-ci à 188 pieds de longueur; j'ai été partout; j'ai vu toutes les chambres, les deux ponts, la Ste. Barbe, les pompes, les écuries, les beaux & grands balcons dont *Puget* doit avoir donné l'idée, &c. je n'ai pu me laffer d'admirer l'élegance de l'extérieur, la commodité & le vafte efpace de l'intérieur & toute la conftruction de ces grandes machines, réfultats de tant de fublimes efforts de l'efprit humain; je Vous conseille de ne pas manquer l'occasion de voir un de ces bâtimens si imposans, en cas que quelque jour elle se présente.

Le 4. Février.

Mr. *Latapie* m'a fait faire ce matin la connoissance du P. *d'Obrian*, Réligieux Irlandois instruit & galanthomme, qui nous fit voir au Couvent de St. Cyr, les richesses de la belle Sacristie, savoir les magnifiques *ternarj* & autres vêtemens ecclésiastiques, l'autel, les grands candélabres, les bustes de Saint &c. d'argent. Nous montâmes aussi dans les jardins de ce couvent: ils sont au nombre des plus beaux de Genes, ils forment 3 ou 4. terrasses, & on y a une vue superbe. Nous vimes encore la *Strada Balbi*, qui est l'autre rue fameuse de Genes, plus longue & plus large que *Strada nuova*, mais où les palais ne se succedent pas jusqu'à la fin de la rue; la place qui est à l'extrémité est moins ornée, pour ce qui est des bâtimens, que la place *Amoroso*, mais elle est plus grande, plus réguliere, quarrée, & en verdure; je n'ai gueres vu de place plus semblable à ces agréables *squares* qui font la plus grande beauté de Londres; on la nomme *Piazza dell' acqua verde* ou de *S. Spirito*; il n'y a je crois pas longtems qu'elle est formée & on ne la trouve pas indiquée fur les plans un peu anciens de Genes, pas même fur celui que Mr. *de la Lande* a joint à fon voyage d'Italie. Ce plan en général eft auffi trop petit; il eft dommage que Mr. de LL. n'ait pas eu connoiffance de celui que je me fuis procuré & qui a paru encore avant la publication de l'ouvrage de Mr. de LL. auquel il auroit convenu parfaitement; le titre eft G E N O U A *nel folo giro delle fue mura vecchie con l'efpofizione delle chiefe e luoghi principali: Mifurata a paffi geometrici da* G I A C O M O B R U S C O. *Ingegnere Ajut*, 1766.

Parmi les églifes que nous avons vues ce matin font celle de *S. Filippo Neri* & celle de l'Annonciade: celle-ci mérite affurément d'être vantée comme elle l'eft & dans l'*oratorio* ou la petite églife qui eft une appendice de la premiere, fe trouve une ftatue admirable de la Vierge, exécutée par le *Puget* & pas affés connue.

J'ai fait encore avant le diner ma vifite à Mr. *Michel*, Secrét. d'ambaffade de France, & avec lui à Mr. *de Fonscolombes*, Envoyé extraordinaire de la même Cour (*); deux hommes bien aimables & d'un grand mérite. J'ai beaucoup à me louer particulierement de Mr. *de*

(*) Mr. *de Fonscolombes* a pris depuis fa démiffion, fa fanté ne lui ayant pas permis de refte plus longtems dans ce pofte.

Fonscolombes, qui a eu bien des bontés pour moi, m'a souvent fait diner chés lui & m'a offert de me recommander à Mr. le Cardinal *de Bernis*, en cas que je pousse mon voyage jusqu'à Rome: il est frere de Mr. *de Boyer de Fonscolombes* à Aix, le Magistrat si aimable & si éclairé dont je Vous ai fait l'éloge dans une de mes lettres précédentes en Vous parlant de son beau cabinet. Dans l'après diner j'ai vu l'église de *St. Augustin* & celle de *Carignan*; celle-ci est une des plus célebres de Genes; on la dit bâtie sur le modele de St. Pierre de Rome; elle renferme des choses très remarquables en fait de tableaux & de statues, & sa situation sur une hauteur lui donne encore d'autres avantages; pour y arriver on passe le singulier pont de *Carignan*, duquel on voit au dessous de soi des maisons à plusieurs étages.

Le 5. Février.

Un Apothicaire bien vêtu & qu'avec son manteau noir j'aurois pris pour un Magistrat, n'a pas dédaigné de me rendre de ses propres mains, assés léger pour entreprendre avec Mr. *Latapie* une course jusqu'au Phare de Genes, autrement nommé *la Lanterne*, au bout du long mole qui ferme le port à l'ouest. Nous avons vu du même côté, en passant, le jardin des mieux situé du Prince *Doria* & les carrieres d'où l'on tire des pierres pour faire le *Scoglio*, c'est à dire, pour garantir le rivage de la mer, en dehors des remparts, & arrêter l'impétuosité des flots: on dit qu'on y employe une machine ingénieuse & particuliere qui charge & décharge en un moment des masses énormes de rochers; nous n'avons pu prendre sur ce sujet les éclaircissemens que nous voulions, mais Mr. *Latapie* se propose de prendre là-dessus de nouvelles informations & de publier la description de la machine, si elle en vaut la peine. Il a monté ensuite jusqu'au haut du Phare & c'est beaucoup dire; car outre que cette tour est très haute, il faut escalader une longue montée avant seulement de se trouver à l'entrée; je n'ai voulu le suivre qu'environ jusqu'aux deux tiers de la tour, pour ne pas épuiser mal à propos mes forces, cela me suffisoit pour jouir de la belle vue; le concierge qui nous conduisoit est un Opticien qui fait de bonnes lunettes; il les vend à qui en veut acheter & les prête à ceux qui étant sur la tour veulent porter la vue plus loin que leurs yeux ne le leur permettroient. Nous revinmes en ville par eau & je dinai chés Mr. *Maumari* de Neufchâtel, un Négociant des plus généreux & des plus obligeans, qui a particulierement une affection singuliere pour les Suisses ses compatriotes & leur rend tous les services imaginables; il est Consul d'une Cour royale, mais il a renoncé tacitement à son Consulat en retirant l'écusson que les grands & les petits Ministres étrangers exposent sur la porte de leurs demeures, parce qu'il a trouvé que son consulat lui faisoit plus de to* à différens égards que le peu de privileges qui y sont attachés ne lui procuroient d'avantages. Son Epouse est une des Dames les plus intelligentes & les plus respectables que je connoisse.

Mr. *Maumari* me fit voir près de chés lui l'église de *St. Laurent*, qui est la cathédrale de Genes & dont la façade est revêtue, par couches paralleles, alternativement de marbre noir & de marbre blanc. Nous fimes ensuite un tour par la ville pour voir les habits de masque exposés par tout pour le même soir. Toute la ville étoit en mouvement; car non seulement il devoit y avoir un bal de carnaval au théâtre, mais encore des bals particuliers dans plusieurs maisons. Avant le bal du théâtre on donna une opera buffa, *il Geloso*, que j'allai voir; il m'a paru qu'il y avoit beaucoup de tumulte, cependant la musique étoit bonne; les ballets auroient pu être plus courts, ils ne signifioient pas grand' chose. Après le spectacle, la Noblesse se fit servir le souper splendidement dans les loges.

Il semble que dans ces occasions elle se pique d'étaler sa plus riche vaisselle & de se faire servir les mets les plus recherchés & les plus coûteux; j'ai vu porter dans les loges du *Capondimare* (espece d'ouille de différentes productions marines); des ragoûts fins de petites huitres, & d'autres plats qu'on doit avoir payé extrêmement cher; on ne prend que peu de poissons & point d'huitres, que je sache, sur les côtes de Gênes; si un proverbe connu, un peu menteur, devoit être pris à la lettre il n'y auroit pas même de pêche du tout.

D'autres personnes de moindre considération, si elles ont des loges ne laissent pas de s'y faire servir aussi à leur façon, soit en se faisant apporter le souper de la maison soit en le prenant chés un traiteur qui apprête à manger dans les soûterrains du théatre.

Après le souper le bal commença par des ménuets; soit à deux, soit à quatre; le second que je dansai fut interrompu par les allemandes; je quittai après une heure du matin & en revenant chés moi j'eus la curiosité de monter encore dans une maison, où je m'apperçus que des masques, la plûpart de gens du commun, dansoient; car il est permis dans ces occasions à tout masque d'entrer où l'on danse. La foule étoit grande & je me retirai aussitôt.

Le 6. Février.

Le froid a été aſſés vif; pour me réchauffer, j'ai fait une grande promenade au ſoleil, autour de la ville, du côté de terre, & je me ſuis parfumé dans les égliſes de *St. Etienne*, de *St. Dominique* & de *St. Mathieu;* je ſuis retourné avec l'aimable famille *Maumari* à l'opéra, qui a été encore aſſés bruyant, quoiqu'il y eût peu de monde. J'ai remarqué que pluſieurs ſpectateurs & particulierement les officiers témoignent beaucoup de goût pour les ſauts de force, & tiennent les Danſeurs en l'air pour ainſi dire avec leurs *bravi, brava, bravatiſſima, braviosiſſimo* &c. & leurs battemens de mains; ils encouragent ſurtout beaucoup les mines voluptueuſes. J'ai ſoupé dans une maiſon Suiſſe allemande avec pluſieurs autres compatriotes, qui ne ſont pas des oiſeaux rares à Genes.

Le 7. Février.

Mr. *Maurer*, un de ces amis, me mena chés le P. *Corréard*, Exjéſuite & bon mathématicien & aſtronome. Sa connoiſſance m'a fait beaucoup de plaiſir & j'ai longtems cauſé avec lui. Je me ſuis informé des inſtrumens de la maiſon *Conſtantin Pinelli* dont Mr. *de la Lande* parle; ce ſont ceux avec lesquels les Marquis *Selvaggio* ont fait il y a 70 ou 80 ans beaucoup d'obfervations qu'on trouve dans les Mémoires de l'Acad. des Sciences de Paris & dans les Mémoires de Trévoux; il y a quelque difficulté à voir ces inftrumens & ils n'en valent gueres la peine: ce font de vieux quarts de cercle & autres inftrumens du fiecle paffé, des pendules hors d'état de fervir, &c. ce qu'il y a de mieux, dit l'Abbé *Corréard*, eft un Quart de cercle de *Butterfield*. L'Aftronomie paroît très négligée aujourd'hui à Genes. Le favant dont je parle a effayé de la relever; encouragé même par quelques Nobles, il avoit propofé d'établir un Obfervatoire; on comprit qu'il étoit dommage de ne pas profiter des avantages marqués que la fituation de Genes offre pour la pratique de l'Aftronomie, que le Commerce de l'état y étoit même intéreffé, rélativement à la navigation; mais lorsque le P. *Corréard* parla d'un millier de fequins, pour acheter les inftrumens les plus néceffaires, on fut effrayé de cette fomme, pourtant fi modique, & on ne voulut plus entendre parler d'Obfervatoire.

En revenant je vis encore l'églife de *St. Salvador** & celle de la place de *Sarzano*. — Je n'ai je crois pas befoin de Vous dire, Monfieur, qu'on va voir la plûpart de toutes ces églifes, pour les tableaux, les ftatues & d'autres ornemens qu'elles renferment; je Vous les nomme pour Vous donner une idée de la maniere dont je paſſe mon tems en me laiſſant aller au courant; mais je Vous fais grace des détails, par ce que je ne puis douter que Vous n'ayés lu quelques uns des voyages d'Italie où l'on trouve tous ces détails jusqu'à la satiété. Je puis outre cela Vous faire voir à mon retour un livre intitulé: *Deſcription des beautés de Genes & de ſes Environs ornée de différentes vues.* Genes 1773. qui contient encore plus de détails, qu'on n'en trouve dans les deſcriptions générales de l'Italie. Ce livre, un des meilleurs dans ſon genre, indique auſſi une quantité de choſes remarquables, ſurtout en fait de peinture, répandues ſur toute la côte & trop peu connues.

Le ſoir j'ai été à un petit concert chés Mr. *Maumari*, où j'ai trouvé un voyageur qui avoit fait à peu près tout le tour de l'Italie & qui demanda ſi on pouvoit aller par mer de Genes à Turin.

Le 8. Février.

J'ai vu le matin, avec Mr. *Latapie*, les palais *Marcellino Durazzo* & *Brignolé*; le premier paſſe pour le plus beau & le plus grand de Genes; outre les tableaux & d'autres choſes remarquables indiquées dans le livre que je viens de citer, j'ai admiré les belles tables en moſaïque; des vaſes ornés de bas-reliefs coloriés;

la grande falle ornée de pilaftres de glaces; les portraits de Famille &c. Le palais *Brignolé* eft fort riche auffi en tableaux & en beaux meubles; comme tables d'albâtre violet &c.; mais ce font les *Mezz'arie* ou l'entre-fol furtout qu'il faut y voir; on ne peut rien s'imaginer de plus recherché pour l'élégance & la volupté que ces réduits délicieux; dans l'un eft une belle Venus nue & vis à vis d'un miroir en rocaille, d'un goût fingulier; dans un autre une Alcove toute garnie en glaces & à côté de cette piece eft le bain, qui répond au refte. Me. *Brignolé*, que nous avons rencontrée, eft une Dame très polie & qui a été longtems à Paris où fon époux étoit Miniftre de la République.

Nous allâmes de là à l'*Albergho*, hôpital des plus magnifiques & le mieux entretenu qu'on puiffe voir. Dans la chapelle eft un bas-relief de *Michel'ange*, qui repréfente la vierge contemplant fon fils mort, ou une *Madre di pietà* pour me fervir du terme italien plus fuccint; ce morceau eft d'un travail admirable & d'une vérité frappante; on ne peut fe laffer de le regarder ni s'empêcher en le regardant d'être attendri; il fait tort à un des plus beaux ouvrages du célebre *Puget*, à une affomption de la Vierge, qui fe trouve dans la même chapelle.

Nous étions avec un prêtre allemand qui jusqu'à la fin d'Avril vouloit faire encore tout le tour de l'Italie; la rapidité & l'impatience avec laquelle il paſſoit ſur tout ce qui étoit le plus digne d'attention ne me laiſſent pas de doute qu'il ne vienne heureuſement & glorieuſement à bout de ſon deſſein.

Après le diner je me ſuis tranſporté avec mes hardes chés Mr. *Maumari*, qui a voulu bien obligeamment que je vinſſe occuper chés lui une chambre qu'un autre voyageur de ſes amis venoit de quitter. Le ſoir je fus à la comédie; on donnoit *Samſon*, piece ſinguliere, de *Goldoni* ſi je ne me trompe; Vous l'aurés peut-être vue comme moi, en françois, ſur le théatre de Berlin; mais je l'ai trouvée plus plaiſante en Italien. On chanta de fort jolis airs pour intermede; les Acteurs étoient aſſés médiocres, mais le théatre ſurtout eſt des plus meſquins; il ne ſemble pas, non plus, que beaucoup de gens comme il faut le fréquentent.

Le 9. Février.

Je fis un petit voyage par mer & par terre avec la famille *Maumari* & celle de Mr. *de Morlai*, Conſul de Danemarc; nous n'avons pas été bien loin cependant; c'étoit ſeulement une partie formée pour manger des *Ravioli* dans une auberge à la *Piazza de' Negri*, vers l'extrémité occidentale de Genes. Je vous ai déjà parlé de ce mets; on préfere, quand on veut en manger, d'aller chés des aubergistes; ils le font meilleur qu'on ne le feroit chés foi & on n'en a pas l'embarras qu'on dit affés grand. Mais j'ai été étonné de voir ce plat fi nourriffant, qu'on mange en guife de foupe, fuivi par je ne fai combien d'autres plats; c'étoit perdre de vue l'objet de la partie & fe mettre dans le cas de gagner une indigeftion pour 15 jours. Heureufement pour moi j'avois un engagement, pour 3 heures, chés Mr. le Ms. *de Lomellini* & comme on s'étoit mis tard à table je ne me fus pas plûtôt lefté de *Ravioli* & de quelques autres morceaux, que je courus chés cet aimable Seigneur. Vous favés fans doute, Monfieur, qu'il a été pendant un tems au rang des meilleurs mathématiciens, furtout pour l'analyfe; les emplois importans dont il a été revêtu enfuite, ayant même été Doge, l'ont détourné de cette carriere. Il a vécu longtems à Paris, & c'étoient les favans les plus diftingués qu'il y voyoit le plus regulierement & avec le plus de plaifir: les *Maupertuis*, les *Fontaine*, les *Clairaut*, les *d'Alembert* &c. fa converfation eft extrêmement vive & agréable, affaifonnée de quantité d'anecdotes intéreffantes. Je tiens de lui-même,

par

par exemple, que ne connoissant pas Mad. *du Châtelet*, il lui étoit échappé de dire qu'elle apprenoit la géométrie pour entendre son livre (les *Institutions*); que le mot revint à la Marquise & quelle fut assés généreuse que de le lui pardonner, au point qu'ils devinrent même bons amis. Je trouve au Marquis *Lomellini* beaucoup de ressemblance avec *Maupertuis*, pour l'esprit, la vivacité & la figure, & je ne sais comment il a pu s'accommoder du sérieux compassé & cérémonieux du Dogat. Il paroît se bien porter quoiqu'âgé; il me dit qu'il avoit toûjours eu l'estomac foible; „mais, ajoûta-t-il, l'estomac ressemble à un serviteur paresseux qu'il faut faire travailler; ce n'est qu'avec la poitrine qu'on ne doit pas badiner;„ — je trouvai la leçon consolante pour les mangeurs de *Ravioli* avec accompagnement.

J'allai rejoindre ceux-ci ensuite, pour revenir avec eux par eau; & le soir je retournai à la comédie avec Mr. *Latapie;* on donnoit *Brighello e Arlechino desertori;* j'ai trouvé la piece peu amusante; seulement une scene, où Arlequin fait le médecin, m'a assés diverti.

Le 10. Février.

Je suis allé prendre mon ami, qui depuis quelques jours s'étoit logé en maison bourgeoise, pour voir les beaux tableaux du palais *Balbi*; on en a une liste, imprimée séparément, qu'on donne aux étrangers qui viennent voir le palais; c'est assurément une très belle collection, mais, ce que le catalogue ne dit pas, plusieurs de ces tableaux ne sont que de bonnes copies, au moins quelqu'un qui doit le savoir me l'a dit: je ne veux pas déprimer cette gallerie de ma propre autorité.

Nous vîmes après celà le *grand Hôpital*, très bel édifice, qu'il ne faut pas confondre avec l'*Albergo*, dont j'ai déjà parlé. On a érigé des statues de marbre aux bienfaiteurs de cet établissement, dans les salles des malades; les uns y sont représentés assis, les autres de bout, pour distinguer ceux dont la générosité a passé une certaine somme; ce ne sont pas les assis qui ont le plus donné. Chaque malade a son lit de fer, & comme le climat permet de tenir les fenêtres ouvertes, il y a très peu d'odeur; on comptoit alors 680 femmes, 700 enfans & 2 ou 300 hommes qu'on traitoit dans cet hôpital. Nous y vîmes aussi l'église, ainsi que le cabinet & le théatre anatomiques.

Près de là nous passâmes à l'endroit d'une rue qui n'est pas pavé, en mémoire d'une révolution. Nous vîmes dans l'église de St. Etienne des tableaux fameux de *Raphael* & de *Jules*

Romain, & dans celle des *Scolopies* des bas-reliefs très bien exécutés en marbre, & les belles parois de la même matiere.

Je paſſai encore avant le diner quelque tems dans la boutique de Mr. *Yves Gravier*, un libraire fort galant-homme que j'allois voir aſſés ſouvent; il eſt très bien aſſorti de livres François & Italiens & donne de nouvelles éditions des bons auteurs de cette derniere nation. Sa boutique eſt *ai Banchi*, c'eſt à dire dans une grande ſalle garnie de quelques boutiques & de bancs, qui a été deſtinée pour être la Bourſe des Négocians, mais qui n'eſt gueres qu'un lieu public d'aſſemblée, de repos & de promenade pour les oiſifs; car les Négocians préferent, comme en d'autres villes, de ſe tenir à l'air, quelque tems preſque qu'il faſſe, dans la place qui eſt devant la ſalle.

Le ſoir j'ai rendu au P. *Corréard* une viſite qu'il m'avoit faite inutilement pendant ma méridienne; il m'a régalé des poëſies, fort eſtimées, de Mr. le Ms. *Lomellini* & m'a montré une lettre du P. *Pezenas* qui releve dès erreurs dans la méthode de Mr. *de la Caille* pour prendre des hauteurs ſur mer. Le P. *Pézenas* avoit déjà fait imprimer un petit écrit ſur ce ſujet, mais il va plus loin encore dans la lettre dont je parle.

Un des dignes fils de Mr. *Maumari* me mena ensuite au Palais de la République pour entendre plaider, mais nous ne trouvâmes point de plaideurs.

Je fus curieux aussi d'aller du côté du port, pour voir l'effet du fanal dans l'obscurité; il ne répondit pas à mon attente; je le trouvai foible.

Le 11. Féyrier.

Mr. *Latapie* m'accompagna au palais du Doge pour en voir les salles & l'arsenal. Nous vîmes dans celui-ci, outre les curiosités connues: telles que les cuirasses des Dames qui se croiserent &c. deux modeles de ponts, projettés pour un nouveau chemin qu'on fait de Sarzane à Parme; l'un de ces ponts feroit d'une seule arche, de 120 pieds. Quant aux salles du palais (*), ornées de peintures & de statues, elles sont connues, il ne s'y trouve rien de nouveau; bientôt cependant on va y placer la statue du feu Doge *Cambiasi*, un des hommes qui a le mieux mérité de la patrie, particulierement en faisant faire à ses dépens une grande & belle chaussée qui conduit dans la Lombardie; il

(*) Un incendie a, comme on sait, consumé depuis une grande partie de ce palais, entr'autres les peintures fameuses du Chev. *Solimene* qui ornoient la salle des Deux-cens.

étoit aussi très charitable & cette vertu paroît être héréditaire dans sa Famille; différens établissemens pieux en fournissent des preuves.

Pendant que nous étions au palais, nous avons vu le Doge actuel, un Prince *Giuſtiniani*, revenir de la meſſe ſuivi de pluſieurs Sénateurs, & précédé de 60 Suiſſes, & de 8 pages. Ces pages de 30 ans, 40 ans & d'avantage & d'une phyſionomie auſſi commune que leur extraction, avoient de grandes perruques bien poudrées par deſſus leurs cheveux, qu'on voyoit ſortir de tout côté, & ils étoient enharnachés dans des habits rouges à l'Eſpagnole ſi richement galonnés que chaque habit coûte 300 écus. Le Doge lui-même portoit un habit de velours cramoiſi, avec un bonnet & un manteau de la même étoffe.

De là nous allâmes voir les Égliſes de St. *Ambroiſe* & des *P P. du Commun* & la riche *Banque de St. George*; nous remarquames aux entrées de ce dernier bâtiment pluſieurs trous pour les avis ſecrets; ainſi ce n'eſt pas ſeulement à Véniſe que cette coûtume a lieu.

Je fis après le diner une promenade fort agréable ſur les remparts, en ſortant par la porte d'*acqua ſola* & en rentrant par le *portaletto* & j'entrai encore dans une très jolie égliſe dite *della Maddalena*, ornée de beaux tableaux &

dont la nef eſt portée par des colonnes couplées qui font un fort bon effet.

Le 22. Février.

Je devois faire une partie hors de la ville pour voir à *Peggi* & à *Cornigliano*, des maiſons de campagne qu'on dit magnifiques & délicieuſes, mais un tems venteux & pluvieux très vilain dérangea la partie; je ne ſortis le matin que pour aller ſur le quai qui borde la mer, dans un endroit qu'on nomme *la viſta*, afin de voir la mer agitée. Le coup d'œil eſt magnifique; les vagues en fureur qui viennent donner contre les moles du port & contre les murs de la ville, & s'y diſſolvent en *écume*, reſſemblent, ſi on fait abſtraction de la viteſſe, à la cataracte du Rhin continuée par l'eſpace d'une demi-lieue; jugés du ſpectacle.

Le ſoir j'allai à l'oratoire de St. Philippe entendre un *oratorio*, ou concert d'égliſe; il y eut pluſieurs chanteurs, mais un ſeul caſtrat, nommé *Tonareili*, qui chante fort bien. L'orcheſtre étoit peu nombreux, parce qu'il y avoit opéra ce jour-là. Nous eumes pour entr'acte un aſſés bon ſermon en italien, ſur le travail. Les Peres de l'oratoire, auxquels appartient l'égliſe de St. Philippe, donnent une pareille muſique tous les Dimanches & fêtes; la petite église annexe, nommée *Oratorio*, est destinée à cet usage & de là est venu sans doute le nom de ces concerts spirituels, adoptés aussi dans les pays protestans & qui rappellent toûjours le souvenir du grand *Hendel*.

Je retournai encore à *la vista* avec un ami & j'entrai dans un caffé où on jouoit au billard; les parties les plus communes à ce jeu sont à se perdre ou à *qui gagne perd*; on joue aussi une autre partie, assés compliquée, que je crois tout à fait inconnue en Allemagne; elle est jolie, mais je n'en ai pas assés retenu la marche pour vous l'expliquer. — J'ai été surpris de voir dans ce caffé tant de gens en bottes; je me suis cru un moment au fond de l'Allemagne; & les bottes ne semblent pas fort nécessaires dans une ville comme Genes, pavée de grandes dalles de pierre unies & qui a beaucoup de pentes.

Le 13. Février.

J'allai avec Mr. *Latapie* voir le palais *Caréga*; nous nous vîmes trompés cette fois par le livre dont je Vous ai parlé, quant à la richesse prétendue des ameublemens; il n'y a que la salle ou gallerie qui mérite une exception; elle est réellement très riche & d'une magnificence digne d'un Prince; un peu trop petite cependant & par là même les ornemens y paroissent trop lourds. En revanche nous fumes agréablement surpris par une quantité d'excellens tableaux de *Rubens*, de *Procacino*, du *Caravage*, du *Guerchin*, de *Solimene*, de *Piola*, de *Sarzane* & autres que nous trouvâmes répandus dans les appartemens fans en être prévenus. Nous admirâmes furtout l'expreſſion du bourreau qui va écorcher S. Barthelemi, dans un tableau du *Caravage*; un vieillard au lit par le *Capucino*, & une Madonne de *Cignani*. Nous allions refortir lorsque Mr. *Caréga*, le maître de la maiſon, nous aborda fort poliment & nous fit voir encore ſa petite chapelle domeſtique où il a une excellente ſtatue de la Vierge, par le *Puget*, ſemblable à celle de l'oratoire de S. Philippe. Mr. *Caréga* eſt un homme ſi uni qu'il contraſte avec les choſes précieuſes que nous avons vues chés lui.

Je fis voir enſuite à mon compagnon de voyage ma jolie égliſe de la Madeleine, & je retournai avec un des fils de Mr. *Maumari*, voir la mer: d'abord auprès de *Madonna delle Grazie*, enſuite presqu'au bout du *molo vecchio* (*). Le tems étoit plus beau & en apparence plus calme que hier & la mer cependant étoit encore plus agitée; elle préſentoit un ſpectacle ſu-

(*) Il y a des endroits plus favorables les uns que les autres; c'eſt pourquoi j'ai cru devoir les indiquer.

perbe. En voyant en même tems du mole, les vaisseaux danser dans le port & souvent se heurter avec violence, je me dégoûtai de plus en plus de cette espece de voiture, & de l'élément qui les porte.

Je fus le soir à la *Rota* voir les deux chambres où on plaide; cela se fait fort tranquillement; les avocats, au nombre de quatre, sont toûjours des étrangers, & il ne peut y avoir, je ne sais pourquoi, que deux bougies sur la table. Le tems devint si mauvais que je ne pus me résoudre d'aller au spectacle; il pleut très souvent à Genes & on nomme cette ville, par une comparaison très ignoble, le pot de chambre de l'Italie.

Je vis à la maison jouer à un jeu de cartes qu'on nomme *le cotillon* & je lus un manuscrit intéressant sur la révolution de Genes en 1746, composé par un des chefs.

Le 14. Février.

Promenade sur le mole & va l'église *des Vignes*. Allé le soir *al Borgo* (un faûbourg) voir l'extérieur du beau palais *Pallavicini*, bâti du meilleur goût sur les dessins de *Michelange*, avec des peintures à fresque très bien conservées vers le midi, mais gâtées vers le nord, & représentant, avec beaucoup d'illusion, des statues placées dans des niches.. Allé de là dans le jardin *Balbi* où est une très belle allée en ovale, de cyprès, & une autre, en potence, de chênes verds; plus bas sont des grottes, des cascades, un beau tapis verd, &c. La maison est peinte à fresque, en jaune, avec des pilastres fort bien imités; il y en a plusieurs du même goût aussi dans la ville; elles paroissent avoir beaucoup déplu à *Addison*. Les maisons de campagne dont je viens de parler sont situées sur une hauteur de laquelle on a une vue superbe sur Genes; près de là est aussi une grande & belle maison nommée le *Conservatorio;* c'est une maison d'éducation.

Au retour on me fit faire collation de *ravioli*, arrosés de vin de Monferrat, chés le Jardinier du Palais *Cambiaso*, autre maison de campagne dans le même faûbourg; & nous revinmes par un beau clair de lune.

Le 15. Février.

Je fis une visite ce matin au P. *Corréard*, & je ne crois pas avoir jamais sué plus fort au soleil dans la canicule, que je fis dans cette course. Nous fumes joints par Mr. *Rossi*, bon peintre Génois, qui nous mena chés Mr. *Pratolongo*, un Médecin amateur des mathématiques & possesseur de plusieurs livres de ce genre;

enfuite chés MM. *Campi,* pere & fils, très verfés dans la même fcience; mais le fils étoit abfent; le pere eft un particulier fort prévenant & fort à fon aife, dont la maifon (à la place élevée de *Spirito Santo*) à une des plus belles vues de Genes, dominant tout le port. On m'a dit qu'un réligieux Carme à Genes même, & un Capucin, à Vogherre s'occupent auffi de mathématiques, mais on n'a pu me les nommer.

Après le diner j'allai avec Mr. *Latapie,* au College des Jéfuites, voir une méridienne que le P. *Corréard* y a tirée; le gnomon n'a que 10 pieds environ de haut, mais elle eft de cuivre & enchaffée dans des plaques de marbre, à l'imitation des plus belles méridiennes. On avoit projetté d'en conftruire une dans la belle églife de l'Annonciade qui feroit très bien fituée pour la direction du fud au nord, mais le projet n'a pas laiffé de rencontrer des difficultés.

La Bibliotheque de ce College eft fermée, parce que depuis l'extinction de l'ordre on n'en a pas difpofé encore; & j'ai vu dans une falle une autre Bibliotheque des Jéfuites, dans des armoires fermés à clé, avec un globe & quelques petits inftrumens de cuivre.

Mais à propos de Bibliotheques, croiriés Vous, Monfieur, que je n'ai appris que ce même jour qu'il n'y a pas moins de 3 bibliotheques publiques à Genes: celle de Mr. l'Abbé *Franzoni*, noble Génois, rue *de' Banchi*, laquelle est publique tous les jours & tout le jour; celle de l'Abbé *Berio*, demeurant *Nel campo* près *Fossatello*; enfin celle des *Prêtres Missionnaires*, près de l'église de Ste. Catharine. Aucun voyageur n'a parlé de ces Bibliotheques; je suis fâché de n'avoir plus eu le loisir de les voir, mais je me consolerois moins encore de n'en avoir pas sçu l'existence plûtôt, si on pouvoit tirer quelque fruit réel de l'aspect de plusieurs centaines de tablettes chargées de livres; car c'est pourtant à quoi se réduit presque toujours la vue d'une Bibliotheque, pour un étranger, quand il n'est pas à demeure pour quelque tems dans un lieu, ou qu'il n'est pas précisément occupé de quelques recherches particulieres.

J'ai passé la soirée à l'opéra, toûjours *il geloso*: mais auquel je me suis chaque fois plu d'avantage; j'étois en compagnie dans une loge & n'ayant pu me dispenser de rester pour le bal, je me suis passablement ennuyé jusqu'à 4 heures du matin; il faisoit d'ailleurs très chaud.

Le 16. Février.

Un réligieux, Professeur de morale, m'a mené ce matin voir la Bibliotheque de Mr. *Gentili*, Sénateur, au coin de la place *de' Banchi*;

elle est grande & choisie & fait honneur anx lumieres du Possesseur; il suffit de Vous nommer la grande Encyclopédie, les Mémoires de l'Acad. des Sciences de Paris, les ouvrages de *Fra Paolo*, les antiquités d'*Herculanum*, la gallerie *Giustiniani*, les plans de *Caserta* &c. pour Vous en donner des preuves. J'ai trouvé dans la même salle un Télescope Grégorien de *Short* de 2 pieds de foyer; des lunettes dioptriques, des microscopes, & d'autres instrumens de Physique. Mr. *Gentili*, possede aussi un grand nombre de tableaux, mais médiocres à l'exception d'une Madonne qu'on dit de *Raphael* & qui est un tableau tellement supérieur à tous les autres, que je suis porté à le croire original.

Le même complaisant réligieux, dont je suis fâché de n'avoir pas bien entendu le nom, m'a offert de me procurer aussi la vue de la Bibliotheque du College & de celle de Mr. *Marcellino Durazzo;* malheureusement j'avois mes visites de congé à faire & d'autres occupations indispensables — & les jours sont si courts dans cette saison. J'ai diné pour la derniere fois chés le tout aimable & réspectable Mr. *de Boyer de Fonscolombes* & j'ai fait une apparition à l'opéra. Je vais fermer à présent cette lettre, après avoir Vous avoir fait part encore de quelques remarques détachées que j'ai recueillies.

On ne danse pas à l'occasion des Nôces; mais elles sont suivies de quelques jours de fête, parmi la Noblesse, & le jour des Nôces l'époux est habillé richement à l'Espagnole.

Il y a peu d'appareil pour les enterremens & les bâtemes. Les cercueils sont tout à fait simples; les religieux qui desservent l'église dans laquelle le mort doit être enterré, cherchent le corps, & on le porte: il n'y a point de voitures.

J'avois avec moi le *voyage historique & politique de Suisse, d'Italie & d'Allemagne*. 3 vol. Francfort 1736-1743, & on m'a fait sur quelques passages de l'article de *Genes*, dans ce livre, les remarques suivantes:

Sur T. II. p. 396: Que le *cicisbeïsme* est devenu encore plus commun parmi ceux qui ne sont pas nobles, & que si on ne donne pas la chemise, souvent on fait pis.

Sur p. 399: Que les Marchandises payent aussi un léger transit en sortant par mer, & un transit gueres plus fort en passant par terre ferme, & que ce n'est que pour la ville que la Douane est en effet rigoureuse. Cette remarque concerne aussi Mr. l'A. *Richard* (Descr. de l'Italie T. I. p. 128.) qui a copié ici quelques pages de suite, du *voy. hist. & pol.*

Sur p. 402: Que ce qu'on nommoit *la foire de Novi* n'exifte plus à Genes, mais qu'elle a lieu encore à Livourne.

Sur p. 404: Que c'eft au printems & non en Automne que fe donnent les grands opéras; le monde étant à la campagne en Automne.

Sur p. 405: Que le caffé où on ne prenoit que des bouillons, n'exifte plus, fi tant eft qu'il ait jamais exifté.

Le même Auteur a eu tort de dire à la p. 397. qu'il n'y a de palais magnifiques que dans *Strada nuova*; que font donc les bâtimens de Strada *Balbi*, des places de *Forni*, de l'*Annunziata*, de l'*Amorofo*; le palais *Spinola* & tant d'autres répandus dans Genes & dans la *Cità nuova?* il fe peut à la vérité que quelques uns ayent été bâtis plus nouvellement (car l'Auteur a voyagé au commencement du fiecle,) mais ce qui me furprend c'eft qu'on puiffe faire le même reproche, à peu de chofe près, à l'Auteur des *Obfervations de deux gentilshommes Suédois*, lequel place, à tort auffi, dans *Strada nuova* le beau palais des Jéfuites qui eft fitué dans *Strada Balbi.*

Voici quelques remarques encore qui regardent Mr. l'Abbé *Richard*, dont on m'a prêté l'ouvrage.

Sur T. I. p. 123 : Le compliment tant de fois répeté qu'on prétend se faire au Doge, quand il quitte sa charge, peut avoir eu lieu autre fois, mais il ne se fait plus & ce que j'ai pu apprendre de moins incertain sur ce sujet, c'est que le Doge s'en va de lui-même une heure ou quelque tems avant qu'on lui donne ce congé.

Sur p. 125 : Le détachement des prétendus *Suisses* est de 100 hommes, dont 60 portent les larges culottes & les autres attributs de l'ancien habillement Suisse.

Sur p. 130 : C'est la *Piazza Amoroso* qui est au bout de *Strada nuova* ; je ne sache pas qu'on l'appelle aussi *Doria*.

Sur p. 132 : Le pont de Carignan, qu'on dit que le Patricien a fait bâtir pour pouvoir aller plus commodément à l'église, n'est pas assés large pour 4 carosses de front : au lieu d'arbres, il faut y placer des bancs d'ardoise, & ce n'est pas de l'esplanade qui le termine qu'on a la belle vue dont l'Auteur parle ; pour en jouir il faut passer l'église de Carignan.

Sur p. 136 : L'Auteur confond l'église de *St. Ambroise* avec celle des Jésuites.

Sur p. 138 : Comment a-t-il pu oublier le bas-relief admirable de *Michel-Ange* dans l'église de l'*Albergo* ?   *Sur*

Sur p. 145: Les Marchands ne viennent jamais traiter de leurs affaires dans cette Loge. (Voyés plus haut p. 35.)

Sur p. 147: On dit que Mr. *Durazzo* n'a jamais voulu vendre la copie (de son fameux tableau de la Madeleine) dont parle Mr. l'A. R. afin qu'on ne s'avisât pas un jour de la faire passer pour l'original; des Anglois ont voulu l'acquérir.

Sur p. 148. 149. Brignoletti lisés *Brignolé*, & *Mezzanino* lisés *Mezz'arie*.

Sur p. 151: Les auberges ne sont pas tant cheres à Genes, pour des voyageurs ordinaires. J'ai mangé à une très bonne table d'hôte à 3 liv. 10 s. de Genes (environ 15 gros) pour le diner & j'ai payé 1 liv. 10 s. pour la chambre. Les marchands sont traités, je crois, encore à meilleur compte.

Sur p. 152: Le peuple mange encore plus de ce qu'on nomme *farinata* & *paniza*, gâteaux fait de blé de turquie. — *ibid.* Le terme de la permission de rester à Genes est de 4 jours, à ce qu'on m'a dit, pour ceux qui sont dans les auberges. On ne s'embarrasse pas de demander cette permission; l'aubergiste, qui a tous les jours de ces billets, qu'on nomme *billets de consigne*, à renouveller, en fait son affaire & c'est sur lui que tombe en cas qu'il le néglige, la punition, c'eſt à dire une amende de 500 liv. La loi eſt aſſés rigoureuſe ſur ce point. Un particulier qui logeroit un étranger ſans prendre pour lui, ſur le champ, un de ces billets, ou ſans que l'étranger lui-même ait ſoin d'en prendre un, riſqueroit toûjours de payer l'amende à moins d'un nom bien connu & protégé; mais on obtient ſouvent de ces billets pour loger en maiſon bourgeoiſe, pour plus longtems; j'en ai eu un pour un mois. — *ibid.* On ne m'a pas queſtionné ſur les armes à feu; & on s'eſt contenté auſſi à mon égard d'ouvrir ma malle ſans la fouiller.

Sur p. 161: On a même de l'indulgence pour ce qui regarde directement la ſûreté des citoyens; les coups de ſtilet ne ſont que trop fréquens encore, entre les gens du peuple, & il arrive quelquefois des exemples que d'autres perſonnes en ſont les victimes par des mépriſes. On ne laiſſe pas cependant d'aller de nuit avec confiance dans les rues.

Sur p. 172: Et les Libraires de Milan?

Sur p. 180: Je n'ai pas vu la piece de Taffetas; la plûpart des femmes ont un toupet; ce qui n'empêche pas que le reſte ne ſoit vrai.

Je doute que les Artiſans portent l'épée.

Je pourrois faire encore, Monsieur, plusieurs autres remarques; mais le compte que je Vous ai rendu de mon séjour ici Vous mettra en état d'y suppléer, si Vous prenés la peine de confronter ma lettre avec la description de Mr. l'A. *Richard*; & que de choses d'ailleurs qui m'auront échappé. Je me contente de Vous avoir donné cet échantillon. Ne condamnés cependant pas trop les voyageurs peu ou mal instruits; ne vous scandalisés pas quand Vous trouvérés leurs rélations peu exactes ou pas assés completes; rien de plus difficile que d'obtenir des renseignemens fideles & suffisans, même des gens du pays. On l'a écrit bien des fois & je suis intéressé plus que personne à Vous en faire souvenir (*). Je suis &c.

(*) Voilà pour Genes un extrait fidele de mon Journal. Je n'ai pas voulu me vanter d'avoir vu des choses que je n'ai point vues ni en parler; je n'ai pas voulu passer pour avoir employé mon tems plus utilement que je ne l'ai employé en effet. J'ai même glissé sur quelques détails trop rebattus, de peinture, sculpture &c. On trouvera indiqué plus au long ce qu'il importe de savoir pour séjourner avec plus de fruit à Genes, dans le 2d Tome de mes *Zusætze* pp. 773-798, (en y comprenant la Côte, jusqu'à p. 813.) & dans les livres que j'y cite. J'observerai la même méthode dans les lettres suivantes en faisant même grace aux lecteurs, le plus souvent, des remarques trop seches de la nature de celles qui terminent cette lettre-ci.

LETTRE X.

de Milan, le 26. Février.

Monsieur,

Mon intention étoit de me rendre de Genes par le plus court chemin à Parme, pour y revoir une personne que je regarde & que j'aime comme une sœur, & où je ferai peut-être obligé de poser les bornes de mon voyage d'Italie; mais le nouveau chemin de Genes à Parme n'étant pas encore achevé & toute autre route également courte, étant sujéte à plus d'une difficulté; j'ai pris le parti de passer par Milan, où je suis depuis près de 8 jours dans le bruyant tourbillon du Carnaval & d'où je Vous envoye la suite d'un Journal qui fera faire Carême à un homme avide comme Vous l'êtes de Vous instruire.

Le 17. Février.

Je me rendis de bonne heure chés mon Compagnon de voyage, Mr. *Salvini*, un Négociant établi en Suisse & ami de quelques personnes de ma connoissance; il étoit logé à côté de l'hôtel de Ste. Marthe, où est la poste, & nous partîmes dans une chaise de poste, sur les 9 heures. Le tems étoit très beau & je fus enchanté du magnifique faûbourg d'*Arena*, ainsi que du commencement de la superbe chauffée *Cambiaso* dont j'ai déjà parlé; mais bientôt nous fimes la traite la plus désagréable dans le lit du torrent *Polcevera*, à travers l'eau & de grosses pierres, & lorsque j'ai vu que peu auparavant il falloit faire à peu près toute la premiere poste dans ce chemin presqu'impraticable & qui souvent l'est entierement & arrête les voyageurs: lorsque j'ai vu tout cela, je n'ai plus gueres fait de cas de tout ce que la sérénissime République a exécuté pour embellir la ville en attendant qu'un particulier entreprit généreusement l'ouvrage le plus nécessaire; il se peut que la politique, ainsi qu'on me l'a dit, ait été le motif de cette négligence; mais un voyageur, quand il se voit en danger de se noyer ou de se briser les côtes, a l'oreille sourde pour les raisons de politique.

Nous changeâmes de chevaux, mais pas encore de chaise, à *Campo Mari* & nous eûmes de nouveau un bel & bon chemin pavé en passant la *Bocchetta*; c'est ainsi qu'on nomme la continuation de l'Apennin, qui garantit si bien les citronniers de Genes, des vents du Nord. J'ai revu alors de la neige & de la glace; & la différence du climat en deçà & au de là de la Bocchetta est bien considérable. Nous changeâmes la seconde fois de chevaux à *Voltaggio* situé sur la montagne; la plaine dans laquelle nous redescendimes est belle, & présente un paysage flamand; on y voit beaucoup d'aûnes; les châtaigners n'y sont pas rares non plus, surtout sur la pente de la montagne. A 4 heures nous arrivâmes à Novi, & bientôt après nous passâmes la *Strivia* dans un bâteau également pointu par les deux bouts; ce fut l'affaire d'un instant, le torrent n'ayant alors que très peu d'eau; on voulut cependant nous rançonner & nous faire payer 7 liv. de Genes; nous en fumes quittes pour 4, mais en emportant, au lieu de remercîmens, quelques menaces du stilet pour une autre fois.

Arrivés à *Tortone*, sur terre de Piémont, à 6 heures; nous donnâmes notre nom à la porte & quelque monnoye aux visiteurs, & à l'auberge on nous fit prendre pour 12 sous, un bulletin de permission pour avoir des chevaux. Nous soupâmes & couchâmes à Tortone & on nous écorcha sous le prétexte que les vivres étoient rares, parce que 7000 hommes travailloient aux fortifications; par où Vous apprenés du moins, Monsieur, que le Roi de Sardaigne met cette forteresse dans un état respectable.

Le 18. Février.

Partis après 6 heures. Arrivés à *Vogherra* à 8 h. Difficultés du maître de Poste sur le prix du cheval, sur le poids des Ducats, & pour nous obliger de prendre un 3ᵉ cheval, sous le prétexte des mauvais chemins & de la forte station jusqu'à Pavie. Ajoûtés à cela que de même qu'on paye $1\frac{1}{2}$ poste de Tortone à Vogherra au lieu d'une poste, on en paye 2 de Vogherra à Pavie au lieu de $1\frac{1}{2}$. Il est vrai que les chemins étoient très limoneux, mais moins cependant qu'entre Pavie & Milan; j'observerai aussi pour l'instruction des voyageurs, qu'on ne paye pas le cheval surnuméraire au même taux que les autres.

A midi nous passâmes le *Po*, ou si vous voulés, l'*Eridan;* on fouilla légérement & on plomba nos malles, & nous voilà à Pavie: belle & grande ville, où je fus charmé de respirer dans des rues larges & de voir le soleil: avantage dont on est presqu'entierement privé dans les rues de Genes. Nous descendimes à la Croix blanche, une fort bonne auberge où nous fîmes très bonne chere en maigre; Vous n'avés peut-être jamais mangé de la soupe au frais de poisson; du cervelat & de l'andouille de poisson; des petites saucisses d'herbes &c. En attendant ce diner, nous vimes le superbe théatre bâti nouvellement aux frais de quatre nobles Milanois (*); il est tout en pierre & d'une très belle architecture, à 4 rangs de loges; orné de beaucoup de peinture & de dorure; aux côtés du *proscenium* font deux belles statues; une élégance recherchée regne dans les loges, & des colonnes nichées les séparent les unes des autres; ce magnifique théatre a coûté, dit-on, près d'un million de nos écus; n'est ce pas une dépense poussée trop loin dans une ville qui n'a que 30000 ames? — Nous vîmes aussi la statue équestre de bronze, connue sous le nom de *Regisola* & qui me paroît avoir été faite après la décadence de l'Empire & surtout après celle du goût. De plus: la *Cathédrale*, remarquable par une des plus vastes coupoles, & la grande église du beau couvent des Augustins.

Après le diner, je fis une visite au Pere Dom *Gregoire Fontana*, Scolopie, Professeur des mathématiques, & un des plus grands Géometres qui depuis longtems ayent fleuri en Ita-

---

(*) Savoir: le Ce. Don *Francesco Gambarana Beccaria*, le Marquis D. *Pio Bellisomi*, le Marquis D. *Luigi Bellingeri Provera*, & le C. D. *Guiseppe de' Giorgi Vistarini*; le 2 & le 3me de ces Messieurs sont Chambellans de LL. MM. II. RR. & tous quatre sont qualifiés de *Regj feudatarj, Patrizj Pavesi, Compadroni dello Stesso Teatro*, dans le livre de l'opéra que j'ai vu représenter à Pavie.

lie (*). Il me reçut avec beaucoup de politeſſe & de cordialité & je ne tardai pas à découvrir en lui bien des connoiſſances étrangeres à la ſcience dans laquelle il ſe diſtingue particulierement. Il demeure au College de *Pie* V. bâtiment magnifique orné de beaux portiques & de la ſtatue de ce Pape. C'eſt dans ce College auſſi que ſe trouve la Bibliotheque de l'Univerſité, dont le Pere *Fontana* eſt Bibliothécaire; il étoit difficile de mieux choiſir, ce ſavant poſſedant pluſieurs langues mortes & vivantes, ſans en excepter l'allemand, & ayant beaucoup de goût pour la littérature. Il a ſoin de ne fournir cette Bibliotheque que des meilleurs livres de tous les pays & les moyens ne lui manquant pas, à cauſe de l'attention particuliere que la Cour impériale & ſon grand Miniſtre à Milan, donnent aujourd'hui à l'Univerſité de Pavie, il eſt très probable que dans peu de tems cette Bibliotheque, dont l'origine eſt très récente, ſera une des plus conſidérables en Italie, ſurtout pour la valeur intrinſeque & l'utilité réelle des livres. J'ai trouvé ici les ouvrages allemands de MM. *Lambert* & *Kæſtner*, à quoi je ne m'at-

(*) Les excellens ouvrages du P. *Fontana*, dont on trouve la liſte nombreuſe dans mes *Zuſætze* T. III. p. 762. 763. juſtifient amplement cette aſſertion.

tendois pas sitôt dans ce pays. On a commencé aussi à former des collections d'histoire naturelle & de Physique, lesquelles ne peuvent manquer de prendre des accroissemens également rapides (*). — On compte ici env. 500 Étudians.

Nous fûmes joints par un autre aimable & savant Réligieux: le P. *Barletti*, Professeur de Physique, qui s'occupe beaucoup de l'électricité, dans laquelle il semble qu'il éclaircira bien des choses qui en ont besoin (**). Nous allâmes ensemble au College Borromée, où je vis avec plaisir les beaux portiques à colonnes couplées & avec plus de plaisir encore une salle peinte à fresque par les *Zuccheri*, lesquels y ont représenté lés principales époques de la vie de St. *Charles Borromée*. Ces Peintures, anciennes de deux siecles, ou environ, sont encore d'une fraîcheur

(*) Ces différentes collections se sont en effet augmentées singulierement en très peu de tems. Dès le 13. Janvier 1777. le P. *Fontana* m'écrivit que leur collection des mémoires de toutes les Académies, dans les langues originales, étoit actuellement complete; il n'y a peut-être pas de Bibliotheque en Europe qui puisse en produire une semblable. Il ajoûta peu de mois après: qu'on venoit de faire l'acquisition de tous les ouvrages les plus précieux d'Histoire naturelle, de Botanique, de Minéralogie, de Métallurgie &c. & que les collections d'histoire naturelle & d'instrumens de Physique, distribuées dans deux salles de l'Université, avoient été mises dans ces deux dernieres années au point de pouvoir déjà aller de pair avec les meilleures de la Lombardie.

(**) V. *Zusätze* T. II. p. 760.

étonnante, & j'admirai particulierement la vérité avec laquelle la peste de Milan est rendue.

Ces Messieurs me menerent ensuite chés Mr. *Leporini*, un Amateur des Sciences qui réunit tous les soirs chés lui une petite assemblée de gens de lettres; j'y eus le plaisir de faire la connoissance du P. *Luino*, jeune mathématicien de beaucoup de mérite & qui m'étoit déjà connu par des ouvrages. J'aurois fort souhaité de faire aussi celle du célebre Abbé *Spallanzani*, mais nous passâmes chés lui sans le trouver.

Le reste de la soirée fût donné à l'opéra; on joua celui de *Démofoon*, de la musique d'*Anfossi*, célebre Maître de chapelle Napolitain. Il n'y avoit qu'un seul castrat, mais bon chanteur & d'une très belle figure; il se nomme *Adamo Solzi*; les autres rôles d'hommes étoient remplis par des femmes, à l'exception d'un *tenore*. Les ballets étoient de la composition de Mr. *Gasp. Burci*, Maître de ballets actuel de l'Electeur de Baviere; une Sig. *Clementina Pianazzi* y fit merveille; & une Sig. *Marianna Lamberti*, me plut beaucoup par sa figure; mais ce qui me fit le plus de plaisir, c'est qu'un des ballets représentoit le Triomphe du Comte *Orlof* (nommé ici *Orlofé*) après la victoire de Tchesme. Je fus très content de l'invention, de l'exécution & des décorations. Le froid qu'il faifoit dans ce bâtiment de pierre, me chaffa cependant avant la fin du fpectacle.

Le 19. Février.

A 7½ du matin nous repartîmes de Pavie; je regrettai beaucoup de quitter cette ville fitôt, & fi j'avois été feul j'y aurois certainement fait un plus long féjour; le complaifant P. *Fontana* augmenta encore mes regrets en me faifant une vifite de grand matin avant notre départ (*). A une lieue de Pavie nous vîmes la fameufe *Chartreufe,* à la droite, au bout d'une longue allée; mais preffé d'arriver bientôt à Milan pour me dédommager, s'il étoit poffible, des connoiffances que je laiffois à Pavie, je fus bien aife que mon Compagnon de voyage n'infiftât pas pour que nous fiffions un détour par la Chartreufe; ç'auroit été l'affaire feulement d'une ½ pofte de plus, mais d'un jour de tems, fi nous avions voulu voir ce riche couvent autrement qu'en courant, & Mr. *S.* lui-même étoit plus preffé que moi pour fes affaires. Nous changeâmes de chevaux à 9 heures, & vers midi nous arrivâmes à Milan, toûjours par des chemins tirés au cordeau, mais alors extrêmement boueux. Nous defcendimes aux *trois Rois,* grande & affés bonne auberge.

(*) V. fur *Pavie* plus en général les *Zufatze* Tom. II. p. 751-770.

J'allai chés Mr. *Bonnet*, Négociant Génevois pour lequel j'avois une lettre & qui a eu beaucoup d'attentions pour moi; il me mena auſſitôt dans ſa voiture au *Cours*: la grande promenade de Milan, très fréquentée, mais qui n'eſt qu'une rue pavée, très longue & très large. De là je paſſai chés le P. *Friſi* & j'eus le plaiſir de connoître perſonnellement enfin un Géometre pour lequel j'avois depuis longtems une vénération particuliere & qui vous ſera trop connu de réputation pour qu'il ſoit néceſſaire de Vous parler de la profondeur de ſes connoiſſances & de ſes recherches. Il travaille actuellement à un ouvrage de mécanique & d'hydrodynamique duquel on peut ſe promettre d'avance beaucoup d'utilité & de nouvelles lumieres (*).

A 7 heures j'allai avec Mr. *Bonnet* à l'opéra, *Alexandre aux Indes*. J'entendis peu de choſe, étant dans une loge aſſés éloignée, mais j'eus la ſatisfaction de voir un de ces ballets

---

(*) Le P. *Friſi* a obtenu depuis du Pape d'être ſéculariſé & il ſe qualifie à préſent d'*Abbé*. J'ai indiqué dans mes *Zuſatze* T. I. p. 86. ceux de ſes ouvrages les plus nouveaux alors; il a publié nouvellement encore un écrit *della maniera di preſervare gli Edifizi dal fulmine*; une nouvelle édition de ſon Eloge de *Galilée* en y joignant, celui de *Bonav. Cavalieri*, Milan 1778. 8. & ſurtout ſes *inſtituzioni di Mecanica, d'Idroſtatica, d'Idrometria e dell' Architettura ſtatica e Idraulica* 1777. de 447 pages in 4to avec des planches.

héroïques de *Noverre*, dont je n'avois encore qu'une idée très imparfaite, par de courtes deſcriptions & par le livre de *Noverre* ſur la danſe; il faut avouer que c'eſt un ſpectacle qui enchante. Nous avons dans nos troupes beaucoup de ſujets qui ſont en même tems Acteurs & Danſeurs, mais je ne ſais comment ils réuſſiroient dans ce genre gracieux qui démande tant de délicateſſe & d'intelligence: je ne voudrois pas ſeulement qu'ils l'entrepriſſent: laiſſons les hûrler leurs Drames lugubres, leurs pieces monſtrueuſes, & rions des autels qu'on dreſſe ſans diſcernement aux hiſtrions les plus pitoyables, tout comme à quelques uns de nos acteurs & actrices qui méritent véritablement les éloges d'un homme de goût. Je puis Vous communiquer, Monſieur, tout le plan de *Renaud & Armide*, le ballet que j'ai vu; on l'achête imprimé, à l'entrée du ſpectacle.

Vous connoiſſés le Théatre de l'Opéra de Milan, par les deſcriptions de Mrs. *Cochin*, *de la Lande*, &c. & Vous ſavés qu'il paſſe pour le plus grand qui ſoit en Italie, au moins de ceux ſur lesquels on joue. Il a 4 rangs de loges, chacun de 33 loges, ſans compter le paradis. Il m'a paru trop uni, trop dénué d'ornemens & de reliefs, ſurtout pour ſa grandeur; ici des pilaſtres ou des colonnes entre les loges auroient été d'un bon effet & il n'y en a point (*).

Après l'opéra je foupai avec la compagnie de Mr. *Bonnet*, dans une chambre de la maifon de Spectacle & je revins dans la loge pour voir le bal; à la longue je regrettai de ne m'être pas mafqué, pour entrer au parterre, quelqu'amufant qu'il foit de voir un fi grand emplacement remplis de mafques danfans, circulans, s'agaçant &c.; & notés que j'en eus jufqu'à 3 heures du matin.

Le 20. Février.

Ce matin j'eus, moyennant une lettre de recommandation du P. *Fontana*, une audience très gracieufe de S. E. Mr. le Comte *de Firmian*, Chevalier de la Toifon d'or, Miniftre plénipotentiaire de LL. MM. II. dans la Lombardie autrichienne. &c. &c. Vous favés déjà, Monfieur par nombre de dédicaces les qualités extraordinaires de ce grand Miniftre, & par les relations d'autres voyageurs, l'accueil qu'il a coûtume de faire aux gens de lettres qui paffent par Milan; les éloges que l'admiration & la reconnoiffance ont dicté à ces auteurs ne femblent

---

(*) Ce théatre, ayant été confumé par le feu, le dernier jour du carnaval de l'année fuivante, on en a rebâti un autre.

plus rien laisser à dire: soyés persuadé cependant que peut-être aucun n'a réussi à peindre fidélement & sans rester audessous de l'original, cet homme d'Etat tout à fait unique: il faut le voir & le fréquenter soi-même pour sentir dans toute sa vérité l'impression que peuvent faire la physionomie la plus propre à captiver, une affabilité soûtenue, un savoir étendu & une application constante à faire le bien, quand on voit ces qualités réunies dans un homme aussi élévé en autorité.

Je fis encore d'autres visites & j'entrai en passant dans les belles églises de la *Passion* & de *St: Alexandre* & dans les cours superbes du College helvétique & du grand Hôpital.

Après le dîner, des lettres à écrire ne m'ont permis que de passer une partie de la soirée chés le P. *Frisi* où j'ai fait la connoissance de Mr. son frere, & du Pere *Rè*; le premier est chanoine de la cathédrale à Monza, à quelques lieues de Milan, & savant dans l'histoire & les antiquités (*); le second est du même ordre que le P. *Frisi*, Barnabite; il est surintendant des eaux dans le Duché de Mantoue; Mr. *de la Lande* en a déjà fait l'éloge, comme d'un habile ingénieur

(*) V. *Zusætze* T. I. p. 101. où j'indique un ouvrage, qu'il a publié.

nieur & en citant ſes ouvrages au T. I. de ſon voyage à la p. 370.

Le 22. Février.

Ce matin j'ai fait au College de Brera, qui appartenoit autrefois aux Jéſuites, la connoiſſance de Mr. le Baron *de Cronthal* & de MM. les Abbés *de Céſaris* & *Reggio;* trois jeunes exjéſuites d'un grand mérite & tous trois Aſtronomes; ils travaillent aſſidûment à l'obſervatoire qui appartient à ce college, ſous la direction de Mr. l'Abbé *de la Grange,* Directeur de cet obſervatoire. MM. *de Cronthal* & *Reggio* ſont en même tems Profeſſeurs: le premier de Mathématiques, le ſecond d'Optique, dans le College, lequel continue ſous la dénomination de *College Royal* d'être un établiſſement conſacré à l'éducation de la jeuneſſe; quant à Mr. l'Abbé *de Céſaris,* il s'eſt chargé, à côté des obſervations, d'un travail bien rude, en commençant une ſuite d'Ephémérides dont le premier volume vient de paroître pour cette année 1775, avec une appendice intéreſſante de quelques très bons mémoires de MM. *de la Grange* & *Reggio;* en un mot, c'eſt un fort beau début (*).

(*) Ces éphemérides continuent de ſe publier avec le même ſuccès; & les mémoires & obſervations qu'on y joint leur conſerveront toujours un degré d'utilité. On peut

Mes trois aimables & complaifans aftronomes me firent voir le magnifique college qu'ils habitent & dont l'architecture intérieure a un air de grandeur particulier; enfuite l'églife des Jéfuites *St. Fedele*, & non loin de là celle *del Giardino*, remarquable par une voûte d'une largeur extraordinaire; l'Obfervatoire fut réfervé pour un autre jour. Il me falloit aller prendre le P. *Frifi*, pour nous rendre chés le Comte de *Firmian*, où nous étions invités à diner. Je ne Vous dis rien, Monfieur, de la fplendeur du repas; tout répond chés ce Miniftre à la magnificence qui convient à fon rang; mais je voudrois pouvoir Vous nommer tous ceux qui étoient de notre nombreufe compagnie; parce que le Comte raffemble dans les fréquens dîners qu'il donne aux favans de Milan, les gens les plus diftingués par leurs ouvrages ou par leurs talens: malheureufement je n'ai, foit appris foit retenu, que le nom de Mr. l'Abbé *Fremond*, qu'on me dit très verfé dans le mécanique. — J'oubliois de Vous dire que j'ai fait auffi ce matin chés le P. *Frifi*, la connoiffance d'un jeune & habile Mathématicien de l'ancienne & célebre maifon des *Vifconti*.

voir plus de détails fur cet ouvrage dans le IIIe Tome de mon Recueil & dans mes nouvelles littéraires: aux articles *Italie*.

Différentes affaires me retinrent longtems après le dîner chés Mr. *Bonnet;* mais je vis encore ce foir au College Impérial, où le P. *Frifi* demeure, une Comédie repréfentée par les jeunes Nobles qui font leurs études dans ce College. Leur théatre eft beau & affés grand & il vaut les théatres publics de mainte capitale. Les décorations & les habillemens méritent encore plus d'éloges; rien n'y eft épargné; mais auffi ces dépenfes fe font-elles de la bourfe des jeunes gens qui donnent le fpectacle, & ce ne font ordinairement que les plus riches qui afpirent à monter fur la fcene.

La piece qu'on a jouée étoit l'*Homme fingulier* de *Deftouches,* traduite en Italien; la plûpart des acteurs ont très bien rendu leurs rôles & il n'y a rien eu de choquant du tout à voir ceux de femmes remplis par de jeunes gens de notre Sexe; on a foin de choifir de beaux imberbes pour ces rôles.

Il y a eu un ballet auffi; & c'eft ce ballet furtout que je voudrois que Vous euffiés vu: un ballet héroïque dans les formes; orné de tout fon fpectacle & de très belles décorations; exécuté en grande partie avec une intelligence & une perfection qui Vous auroient véritablement étonné: Quelques uns de ces jeunes gens danfent avec une foupleffe, une fermeté & une force, à faire paroli aux meilleurs danſeurs de profeſſion. Le titre du ballet étoit *Roland le furieux;* ſujet ſuſceptible de beaucoup d'action & de changemens & qui a été bien rempli.

Le 22. Février.

Il n'étoit gueres expédient ni pour ma bourſe, ni pour mon repos, de reſter à l'auberge à Milan, les dernieres ſemaines du Carnaval; auſſi avois-je cherché déjà hier & avanthier une chambre en maiſon bourgeoiſe, mais inutilement, tant l'affluence du monde eſt grande ici dans ce tems de l'année; je fis encore quelques recherches inutiles ce matin; enfin Mrs. *Reycends,* Libraires ſur la grande place, auxquels j'avois été recommandé, eûrent la bonté de me tirer d'embarras avec beaucoup de complaiſance & de déſinterreſſement, en me donnant une chambre chés eux, d'autant plus agréable pour moi que j'y ai la vue ſur la place. Je n'ai pas différé de prendre auſſitôt poſſeſſion de mon nouveau logement & tout ce que j'ai pu faire aujourd'hui a été d'aller chés le P. *Friſi* qui me mena voir encore 2 actes de la Tragédie de *Jefté;* car il faut ſavoir que les jeunes Nobles jouent ordinairement 3 différentes pieces, pendant le Carnaval: une tragédie, une grande comédie & une petite piece. Ils donnent auſſi deux ballets différens, de même que celà se fait au grand théatre; savoir un ballet héroïque & un ballet plus court & d'un genre plus simple. Ils font imprimer une grande affiche où les titres de leurs pieces & de leurs ballets, avec la distribution des rôles, sont indiqués. La piece d'aujourd'hui est un original Italien qui n'est pas encore imprimé, & on en fait cas. C'est surtout dans la tragédie que les jeunes gens se distinguent par la dépense en habillemens; ceux d'aujourd'hui étoient magnifiques.

Mgr. le Cardinal *Pozzobonelli*, Archevêque de Milan, avoit assisté à cette représentation & au sortir du spectacle j'eus l'honneur de lui être présenté. Son Eminence me parla avec beaucoup de bonté & d'affabilité; elle est en grande vénération à Milan & je sais par plusieurs traits que cette estime est très fondée; d'ailleurs on peut toûjours plûtôt croire ceux qui louent, que ceux qui blâment.

Le 23. Février.

Ce matin, Monsieur, j'ai revu un observatoire; mais un observatoire comme il y en a peu; celui de Milan est certainement un des plus beaux, des plus commodes & des mieux fournis que je connoisse. Mr. l'Abbé *de la Grange*, auquel j'avois fait ma visite, a eu la bonté de m'y mener lui-même & de me donner avec

beaucoup de complaifance tous les éclairciffe-
mens que je pouvois défirer, en forte que je dois
être en état de Vous donner une defcription affés claire & détaillée de l'obfervatoire Royal de
Milan; j'en ferai l'effai; mais je vous l'enverrai
féparément; il me faut quelque tems pour mettre mes remarques en ordre. Je n'aurai pas befoin au refte de Vous faire connoître Mr. l'Abbé *de la Grange;* Vous faurés fans doute qu'il
a été attaché à l'obfervatoire R. de Marfeille,
comme adjoint du P. *Pezenas*, & qu'il a eu
grande part aux excellens mémoires rédigés à
cet obfervatoire en 2 vol. in 4to dont je Vous
ai parlé dans une de mes lettres précédentes (*).

Il faifoit fi froid dans ce bel obfervatoire
que j'ai cru au fortir avoir été dans le mien;
mais auffi longtems que j'y étois il n'y avoit pas
moyen de prendre la change: la différence entre notre vilaine tour & ce bâtiment fi élégant
& fi approprié aux befoins des Aftronomes eft
trop grande.

Je revins, accompagné des deux jeunes Abbés, me réchauffer au foleil, fur la place du château; & j'eus le plaifir d'y rencontrer le Pere

(*) Mr. l'Abbé *de la Grange*, qui avoit remplacé à Milan
le célebre Abbé *Bofcovich* s'eft retiré peu après mon
voyage, à Mâcon en Bourgogne, fa ville natale, & Mr.
l'A. de *Céfaris*, a aujourd'hui la direction de l'obfervatoire.

Barletti, de Pavie, qui étoit arrivé pour paſſer à Milan le reſte du Carnaval.

Ces Meſſieurs me menerent voir dans la Cour du Marquis *de Reſcala,* rue des *Meraviglie* (à côté de Mr. *Bonnet,*) une peinture à fresque, où l'illuſion eſt portée au plus haut point; elle repréſente une maiſon avec une terraſſe, & une Gallerie ſous laquelle eſt l'entrée; on ne peut rien voir de plus frappant (*).

Avant de dîner chés Mr. *Bonnet,* avec quelques Meſſieurs de Bergame, il me mena en biroutſche, voir le commencement du canal par lequel on joint le lac de Côme avec l'*Adda,* c'eſt un bel ouvrage & qui ſera d'une grande utilité pour le commerce (**).

(*) J'ai appris depuis de Mr. *Carlo Galli Bibiena,* que cette belle perſpective eſt d'un des plus habiles hommes de ſa famille, ſi célebre dans ce genre de peinture. Celui que je viens de nommer & qui eſt très connu dans toutes les cours de l'Europe n'eſt point mort, comme il eſt dit dans la nouvelle Deſcription de Berlin & de Potsdam. Il a quitté l'année paſſée le ſervice de Ruſſie pour ſe retirer à Florence.

(**) Cet entrepriſe importante a été conduite heureuſement à ſa fin en 1777. La riviere d'*Adda* a été rendue navigable depuis *Brivio* jusques dans la vallée de *Paderno* & le canal a été creuſé à grands fraix à travers des rochers & des montagnes, pour ouvrir une communication entre Côme & Milan.

Dans le même quartier hors de la ville, est le grand Lazaret, qui sert actuellement de casernes & d'écuries aux gardes du corps; c'est un immense bâtiment qui forme un quarré parfait, dont chaque côté à 500 de mes pas en longueur. Au milieu de la grande place qui en est la cour est une église & tout le bâtiment est orné de portiques vers cette cour; j'ai compté 128 colonnes portant les voûtes de ces portiques sur chaque côté; ce qu'on peut s'imaginer devoir former une perspective admirable. Ce bâtiment seroit très propre, comme l'observoit Mr. *Bonnet*, à y établir un foire.

Après le dîner j'ai fait un grand tour de promenade. J'ai vu la belle colonnade près de St. Laurent; c'est le principal reste d'antiquité & presque le seul à Milan; il consiste en 16 grandes colonnes sur une ligne; l'intervalle entre les 8 premieres & les 8 dernieres colonnes est plus grand que les autres entre-colonnemens; c'étoit apparemment l'entrée d'un temple; il est surmonté d'un arc qui interrompt la corniche, mais qui est évidemment plus moderne, de même que celle-ci.

L'église de *St. Laurent*, auprès de cette colonnade, est remarquable par sa figure octogone dont les côtés sont alternativement droits & circulaires; le tout ne laisse pas de faire une figure reguliere, ce que Mr. *Cochin* femble nier.

J'ai vu auffi l'églife de *St. Ambroife*, qui fe diftingue par des colonnes de marbre blanc, par une mauvaife ftatue équeftre & par une belle colonnade dans l'avant-cour.

Le foir je fuis retourné à l'opéra d'Alexandre; je fuis allé au parterre & de bonne heure; & malgré cela j'ai été mal placé. Il faut favoir que les bancs du parterre forment des files de fauteuils; que chacun de ces fauteuils a fon numéro & que les hommes qui reçoivent les billets dans la falle, Vous placent conformément au numéro du billet qu'on Vous a donné à la porte; enforte que Vous pouvés être le premier au fpectacle & obligé cependant de Vous contenter d'une des plus mauvaifes places. — On ne s'avife jamais de tout — je quittai la mienne avant la fin du fpectacle & le froid m'en auroit peut-être fait abandonner une meilleure.

Le 24. Février.

J'ai bien trotté aujourd'hui, tantôt feul tantôt avec le P. *Barletti,* qu'heureufement je rencontrai chés le P. *Frifi*, & qui eft le *Cicerone* le plus inftruit & le plus complaifant que je puiffe défirer. J'ai vu le grand Hôpital; une 15ᵉ d'églifes, & différens autres bâtimens remarquables. Je tâcherai de Vous en dire le moins que je pourrai, pour ne pas trop Vous ennuyer ni décrire ce que tant d'autres ont déjà décrit.

Le grand hôpital eft un bâtiment immenfe; ayant 9 cours, favoir: une grande cour à portiques au milieu & 4 cours plus petites dans l'une & l'autre aîle; la façade un peu ancienne, n'en eft pas moins très impofante; mais elle n'eft pas achevée; elle ne garnit que le corps de logis principal & l'aîle à droite; mais on parle de la continuer enfin fur le même plan jufqu'à l'extrémité de l'édifice. Les malades m'ont paru bien foignés, mais pas auffi proprement qu'à Genes, & il y a beaucoup plus d'odeur.

Du côté de la campagne une longue allée tirée au cordeau, répond au milieu de la grande cour & fe termine par le cimetiere le plus élégant que Vous puiffiés Vous imaginer. *Il Fopone*, c'eft ainfi qu'on le nomme, eft un grand portique octogone, curviligne & alongé, de la forme la plus agréable & à deux rangs de colonnes d'un très bon goût d'architecture; au deffous de ce portique, qui eft couvert & qui peut fervir de promenade, fe trouvent des caveaux de fépulture & je m'imagine qu'on enterre auffi dans l'efpace renfermé dans cette enceinte, & au milieu duquel eft une chapelle.

Non loin de là & près du grand-jardin des Dames *della Guaſtalla*, eſt un palais *Monti* qui mérite d'être regardé.

L'*Hoſpice de S. Lucques*, bâtiment très beau & tout neuf, mérite pareillement d'être vu; ſa forme eſt celle d'un grand corps de logis qui de l'un & de l'autre côté fait équerre avec deux ailes, & ces quatre ailes par conſéquent forment deux cours. Le grand eſcalier ſurtout eſt majeſtueux.

A *St. Celſo*, j'ai trouvé qu'on avoit reblanchi l'égliſe & mis de belles baluſtrades devant les autels; & j'y ai vu une Transfiguration par *Jules Céſar Proccaccini*, où le Chriſt a véritablement l'air qui me paroît convenir au ſujet, & ſublime. Pendant longtems on a méconnu le mérite particulier de ce tableau.

A l'égliſe de la *Madonna del Celſo*, qu'il ne faut pas confondre avec la précédente, ſe voyent dans la 2ᵉ Sacriſtie deux très beaux tableaux dont Mr. *Cochin* ne parle pas; & il y a différentes autres remarques à faire ſur la deſcription que MM. *Cochin & de la Lande*, nous ont donnée de cette égliſe, une des plus remarquables de Milan.

A *Sa. Catharina a luogo pio*, une belle freſque de *Bernardo Luino* & d'autres peintures méritent d'être vues.

Le hazard m'a fait obferver auffi dans cette tournée un fpectacle qui faifoit tableau pour le moment & qui m'a intéreffé d'avantage que n'auroit pu faire le plus beau tableau permanent; c'étoit, dans le veftibule d'une églife, le riche catafalque, avec tout ce qu'on nomme *gli apparati,* pour l'enterrement d'une jeune Comteffe *Scotti* morte en couche.

La douane eft à l'extrémité de la ville, j'y ai été encore ce foir en chaife avec Mr. *Bonnet,* mais je ne fache rien de particulier à Vous en dire.

Le 25. Février.

Je fuis allé prendre le chocolat chés le P. *Barletti* & j'ai fait de nouveau une longue courfe avec lui, nous avons vu:

Dans l'églife de la *Madonna della Vittoria,* deux beaux tableaux de *Salvator Rofe,* & quatre grands obélifques de marbre noir, avec des infcriptions en marbre blanc. Ce font autant de Maufolées de la maifon *Homodeo.*

Dans la *Cafa Clerici,* la belle fabrique de Fayance qui fe diftingue fort avantageufement par la peinture; on y voit auffi une chapelle affés vantée, toute en fayance: mais qui m'a paru peu de chofe.

A *St. Ambroife* les 4 belles colonnes de Porphire qui foûtiennent le maître autel couvert dit-on, de lames d'or; la belle mofaïque de la voure du chœur &c. Cette églife a trois nefs une pour les moines, une pour les chanoines & la troifieme pour l'Archevêque; c'eft dans la premiere que font les plus belles chapelles. Le cloître eft fuperbe, formant deux grands quarrés; les colonnes des portiques font d'un ordre particulier. Dans le Réfectoire eft une très belle peinture à fresque; & dans la Bibliotheque fe voyent deux grands globes de $3\frac{1}{2}$ ou 4 pieds de Diametre, du célebre *Coronelli*. J'ai vu auffi dans ce couvent une jolie méridienne conftruite en 1756, mais pas fort grande. Le Gnomon aura 25 à 30 pieds de hauteur, & on a été obligé de la continuer en fens vertical à peu près à la hauteur de 18 pouces, pour le tems du folftice d'hyver. Cette méridienne eft de cuivre jaune & encaftrée dans du marbre blanc. On a gravé fur le cuivre d'un côté de la ligne les degrés de la diftance du foleil au Zénith, de l'autre ceux de la tangente de cet arc; & les divifions font marquées en parties centiemes du gnomon fuppofé divifé en parties cent milliemes. Les fignes du Zodiaque ont été fculptés, aux deux côtés de la méridienne, dans le marbre, & on y a auffi marqué de diftance en diftance les heures italiennes qui répondent à midi & à minuit dans différens tems de l'année (*). Vous voyés Monsieur, qu'à l'exception de ce dernier point, cette méridienne a beaucoup de ressemblance avec celle de l'observatoire Royal à Paris.

L'église de *St. Francesco Maggiore* dans laquelle je suis entré ensuite, est la plus grande église de Milan parmi celles qui sont bâties à la moderne; on y voit de beaux tableaux, & elle vient d'être repeinte & ornée de très beaux autels: d'un entr'autres de marbre noir qui mérite fort d'être vu.

S. Victor est un couvent des Olivetains, où le cloître (les portiques) est très beau, très propre & pouvant aller de pair avec celui de S. Ambroise. L'église est très belle & très riche & le refectoire mérite pareillement d'être vu. Un réligieux du couvent m'a montré des morceaux charmans peints en miniature par le P. *Gallarati*, Abbé titulaire de cette Abbaïe; le plus beau de ces morceaux est la copie de la fameuse Cène de *L. da Vinci*, au couvent *delle Grazie* (**). J'ai vu là aussi une belle estampe remarquable par sa grandeur & qu'on prendroit pour un dessein fait au crayon.

(*) Mr. *de la Lande* fait quelques remarques sur cette méridienne à la p. 315. du 1 vol. de son voyage.
(**) Depuis peu la copie faite par Mr. l'Abbé *Gallarati* a été gravée.

Madonna delle Grazie, grande églife bâtie au 15ᵉ fiecle dans le goût du *Bramante*. C'eft dans le réfectoire que fe trouve, cette belle peinture à fresque, de *Leon. da Vinci*, repréfentant la fainte Cène. On affure que dans un cas urgent où on craignoit qu'elle ne fut détériorée, on la couvrit de plâtre & qu'un Anglois, longtems après, a rendu ce chef-d'œuvre au grand jour, en faifant ôter l'enduit. Il y a encore un autre tableau du même maitre dans l'églife, de même qu'un *Titien* & un tableau de *Ferrari* qui repréfente S. Paul.

Sta. Maria della Porta. Dans la chapelle un autel en bronze fur les deffins de *Pellegrini*; dans l'églife un grand autel magnifique & tout neuf, qui a coûté 5000 fequins.

Sta. Maria Fucarena eft une jolie rotonde à coupole. Parmi les 300 églifes, ou environ, que l'on compte à Milan il s'en trouve bien 50 à coupole, & toûjours des coupoles d'une forme différente; on peut faire ici un cours d'architecture dans ce genre.

Avant d'aller chés Mr. le Comte *de Firmian*, où j'étois invité à diner, j'ai fait une vifite à Mr. *Barella*, Garde de fa Bibliotheque & de fa gallerie de tableaux, & qui tient un magafin de livres fur la grande place. Il a formé lui-même une jolie collection de tableaux, en ayant eu de belles occafions, parce qu'on offre tous les jours au Comte plus de tableaux à vendre qu'il n'en veut, ni n'en peut acheter.

Mr. *Barella,* avoit fouhaité lui-même que je viffe un tableau de *Raphael,* qu'il fouhaiteroit de vendre au Roi; c'eft une Sainte Famille, de la premiere maniere de *Raphael,* mais toûjours un beau morceau & bien confervé; le poffeffeur en demande 4000 Ducats & probablement il le laifferoit à moins; en général tous fes tableaux font à vendre & je puis Vous en communiquer la lifte entiere en manufcrit; Mr. *Barella,* n'avance rien de trop quand il dit de plufieurs qu'ils méritent d'entrer dans telle gallerie que ce foit (*).

La compagnie chés le Miniftre étoit nombreufe; j'ai fait la connoiffance de Mr. le C. *de Carli,* Préfident du Confeil du Commerce & de Don *Jofeph Pecis,* Préfident d'un autre département, deux illuftres favans qui peuvent Vous être connus déjà par l'ouvrage de Mr. *de la Lande* (T. I. p. 369. & 372.)

A 7 heu-

(*) J'ai vu quelqués mois après, à Turin, la même lifte imprimée; il ne fera donc pas difficile aux amateurs de fe la procurer; on peut auffi en voir un extrait dans mes *Zufætze* T. I. p. 84. 85. Mr. *B.* n'a taxé fon *Raphael* qu'à 2000 Ducats dans l'imprimé.

A 7 heures je me fuis rendu avec Mr. *Guibert*, (affocié dans la Librairie *Reycends*) au College des Nobles de *St. Jean;* où fe donnent pendant le carnaval des repréfentations théatrales femblables à celles du College Impérial. J'y ai vu jouer l'*Impoftore* de *Goldoni;* accompagné de trois ballets; le premier héroïque, avoit pour fujet la découverte du nouveau monde; le fecond, dans un genre tragique rouloit je né fais fur quel fujet; le 3e étoit un ballet de différentes nations & a été précédé d'un ménuet & d'un dialogue en italien & en françois, pour remercier les fpectateurs. J'ai été pour la plus grande partie très fatisfait de l'exécution. — Je fouhaite que Vous ne le foyés pas trop peu, Monfieur, du contenu de cette partie de mon Journal, que je ne veux pas rendre plus volumineufe.

La fuite, comme difent les Journaliftes, *une autre fois.* J'ai l'honneur d'être &c.

ADDITION XIII.
Pour les Amateurs de la Musique & de la Danse.

On aime si fort aujourd'hui tout ce qui tient au spectacle, que les *Gazettes*, les *Almanacs*, les *Annales*, les *Dictionnaires* &c. du *Théatre* se multiplient d'année en année & qu'il est bien plus facile d'apprendre les circonstances de la vie du moindre histrion que celle des gens qui éclairent leur patrie pendant qu'ils vivent & qui lui donnent du lustre pour les siecles à venir. Je crois faire plaisir, par conséquent, à plusieurs de mes lecteurs par cette Addition; d'autres lecteurs ne laisseront pas de lui trouver aussi un mérite : celui d'être courte.

I.
État du grand Opéra à Pavie, dans le Carnaval de 1775.

L'Opéra qu'on a joué a été le *Demophoon* de *Métastase*, (mais un peu changé comme c'est l'ordinaire) mis en Musique, par le célebre *Pascal Anfossi*, Maître de chapelle Napolitain. En voici les Acteurs.

Demophoon, Roi de Thrace. — Il Sig. *Guiseppe Afferri*.

Dircé, mariée sécretement à Timante. — La Sig^a. *Laura Sirmen* (peut-être une allemande).

Timante, cru Prince héréditaire, fils de Demophoon. — Il Sig. *Adamo Solzi*.

Cherinte, fils de Demophoon, Amant de Creuse. — La Sig^a. *Anna Boselli*.

Creuse, Princesse de Phrygie, destinée à épouser Timante. — La Sig^a. *Rosa Pallerini*.

Matusio, cru pere de Dircé, grand du Royaume. — La Sig^a. *Giuseppa Perega*.

Adraste, Capitaine des gardes du Roi, & son confident. — La Sig^a. *Maria Antonia Pandini*.

Olinte, petit enfant, fils de Timante. —

Les ballets composés & dirigés par le Sig. *Gaspare Burci*, au service de S. A. El. de Baviere.

Sig. *Gasp. Burci*, lui-même.	Sig^a *Girolama Burci*, au même service.
Sig. *Guiseppe Casazza*, bon.	Sig^a *Teresa Simonetti*, bonne.

Sig. Guiſeppe Balocchi.	Sigª. Clementina Pianazzi, bonne.

Sigª. Annonziata Grandini.

Sig. Camillo Bedotti.	Sigª. Anna Lamberti.
Sig. Giuſeppe Seraffini.	Sigª. Roſa Porro.
Sig. Carlo Pachiarotri.	Sig. N. N.

Fuori de' Concerti.

Sig. Filippo Pallerini.	Sigª. Marianne Lamberti.

Il Veſtiario étoit di ricca e vaga invenzione del Sig. MICHELE MANZOLI, di Milano. L'entrepreneur étoit le Sig. Giuſeppe Grandini.

2.
Etat du ſecond Opéra de Milan dans le Carnaval de 1775 (*).

L'Opéra que j'ai vu à Milan étoit ainſi que je l'ai dit, *Alexandre aux Indes*, ſujet, comme on ſait, traité par *Métaſtaſe*. Mais pour ſavoir de qui ſont — ou plûtôt de qui ne ſont pas les paroles — de ce nouvel *Alexandre* il

(*) Je dis le *ſecond*, parce qu'on en a repréſenté un autre avant mon arrivée.

faut lire la *Protesta* remarquable qui se trouve, mais sans le nom de l'Auteur, à la tête de la piece imprimée; la voici:

L'Atto primo, ed il secondo del presente Dramma (eccettuate varie pretese trasposizioni d'Arie, ed accorciamenti) sono a norma del Libro DELL' ALESSANDRO *prodotto in Milano l'anno del 1759, già abbreviato, e disposto da altro valente Sogetto. Il terzo Atto è fedelmente trascritto da un Libretto dello stesso Dramma rappresentato in Napoli.*

Cio serva appresso il rispettabilissimo Pubblico per discarico del Poeta, il quale altamente dichiarasi, che se ha posto mano in qualche scena del solo Atto secondo, non ha giammai preteso di migliorare un sì eccellente Dramma (che ben comprende d'aver guastato) ma soltanto per esservi stato suo malgrado costretto, e violentato del' abuso, dal pregiudizio, dal capriccio, e dall' ignoranza, che con un temerario dispotismo assoggetano la Poesia, tiraneggiano la Musica, e audacemente sformano le inimitabili Opere di quell' unica FENICE, *che ad onore dell' Italiano Coturno occupa il più eminente, e il più luminoso grado nel Tempio dell' Immortalità, e della gloria. Il grato e rispettoso Poeta approfitasi di questa occasione* — pour faire un compliment aux Milanois.

Acteurs.

Alexandre — Il Sig. *Giovanni Anfani.*

Porus, Roi d'une partie des Indes & Amant de Cléofide. — Il Sig. *Gafparo Pacchiarotti.*

Cléofide, Reine de l'autre partie des Indes. — La Sig.ª *Elifabetta Taiber* (probablement une allemande.)

Erixene, sœur de Porus. — La Sig.ª *Francefca Varefi.*

Gandarte, Général des Armées de *Porus*. — Il Sig. *Luigi Marchefi.*

Timagene, Confident d'Alexandre & son ennemi caché. — Il Sig. *Giacomo Pannatti.*

Macédoniens, Indiens, Prêtres &c.

La Mufique: du célebre Sig. Maeftro *Carlo Monza*, de Milan, au fervice de la Chapelle de la Cour & membre de l'Académie *de' Filarmonici.*

Inventeurs & Peintres des Décorations: Mrs. les freres *Galliari.*

Inventeurs des habits: Il Signori *Francefco Motta* & *Giovanni Mazza.*

Le Théatre a été réduit en forme de falle pour le bal, & repeint à neuf par les Sieurs *Ghezzi.*

Entrepreneurs du fpectacle: *Felice Stagnoli* & *Aleffandro Minunzi.*

Les deux Ballets: favoir *Renaud & Armide*, & une *Fête de village*, ont été tous deux compofés & dirigés par Mr. *Noverre*, Compofiteur actuel des ballets de la Cour Impériale & Royale, Maître à danfer de l'Augufte Famille & Membre de l'Académie Royale de Danfe à Paris. La Mufique de ces ballets a été compofée par Mr. *Louis de Baillou*.

Voici la defcription du premier de ces ballets, publiée en françois par l'Auteur même.

3.
Defcription du ballet héroïque Renaud et Armide.

Avant propos de l'Auteur.

Ce ballet eft tiré de la Jérufalem délivrée du *Taffe*. Cet ouvrage fublime, en affûrant l'immortalité à fon Auteur, honorera toujours l'Italie. En puifant mon fujet dans une fource auffi féconde, j'ai l'avantage de mettre fous les yeux du public un trait qui eft généralement connu, & qui réunit à l'hiftoire ce que la Magie a de charme. J'avoue qu'il eft impoffible de bien imiter mon modele. Comment pouvoir exprimer avec un langage muet, tel que la Pantomime, les beautés du ftile, les comparaifons nobles, & ce

F 4

sublime d'éloquence qui n'est réservé qu'à la Poësie ? On ne peut exiger toutes les perfections d'un Art qui est encore au berceau & qui n'articule que des mots mal prononcés. C'est à l'indulgence du public, ce maître éclairé de tous les Arts, à suppléer à la faiblesse de son langage. Si j'ai mal choisi mon plan, si mes efforts sont infructueux & ne peuvent lui plaire, j'aurai du moins la consolation de n'avoir pas manqué de zéle. Pour saisir les goûts du public, il faut avoir le tems de les étudier. Ce tems, qui seroit pour moi le plus précieux de ma vie, a été trop court. Ce n'est pas en six mois que l'on peut saisir sous un seul & même aspect des goûts & des sensations diamétralement opposées; ce n'est point dans un terme aussi court que l'on peut avoir l'art de faire frémir à l'unisson des cordes différemment montées par les passions. Pour atteindre à ce point chimérique de réunion, il faudroit que l'artiste eût en lui-même tous les goûts & toutes les inclinations divisées qui se rencontrent dans chaque individu; il faudroit qu'il pût réunir dans un seul tableau tous les genres de composition possibles, & que les différentes modifications de ses peintures empruntassent toutes les teintes variées qui nuancent les goûts & qui en forment la diversité: ou i.° faudroit enfin qu'il eût l'art nouveau de réunir les extrêmes, de rapprocher les sentimens, d'enchaîner pour ainsi dire des goûts souvent antipathiques entre eux. Cet ouvrage seroit immense; ce n'est pas celui d'un homme.

Dans l'impossibilité où je suis de me replier en si peu de tems sous mille formes diverses, & de parcourir tous les genres d'imitation, je me borne à assurer le public que je ne suis occupé que du désir de lui plaire, & que si je n'ai pas le bonheur d'y réussir, on ne pourra l'imputer ni à mon application, ni à mes soins, ni à mon zéle.

Personnages.

Armide, Princesse de Damas, Magicienne. — Mad. *Eleonore Dupré*. (bonne)

Renaud, le plus renommé des Chevaliers du Camp de Godefroy. — Mr. *Sebast. Gallet*. (bon)

Le Chevalier Danois, du même Camp. — Mr. *Paul Franchi*.

Ubalde, Chevalier du même Camp. — Mr. *Fred. Terrades*.

Un *esprit* sous la figure de

Lucinde, Demoiselle Danoise aimée du Chevalier Danois. — Mad. *Cath. Villeneuve*.

Esprits & Demons sous des formes les plus agréables.

Plaisir. — Mr. *Ant. Marliani.*
Nymphe. — Mad. *Camille Dupetit.*
Nayades. — Mad. *Dupetit.* Mad. *Gallet.*
L'Amour. — Mad. *Terrades.*
Les Graces. — Mad. *Helene Dondi.* Mad. *Josephe Radaelli.* Mad. *Cecile Castellini.*
Autres Nymphes.
Nayades.
Jeux.
Plaisirs.
Amants fortunés.
La Haine, la Vengeance, la Fureur. — Mad. *Villeneuve.* Mad. *Dupetit.* Mad. *Dupetit.*

Explication du Ballet.

(*La décoration représente une Isle de l'Oronte*)

Renaud ayant délivré les captifs d'Armide, cette Magicienne prit la résolution de s'en venger: Elle attira par les charmes de son art le jeune Guerrier sur les bords de l'Oronte, Renaud s'y arrête: une Inscription (*) gravée sur

---

(*) Qui que tu sois, ô voyageur! que le hasard ou ton choix conduit sur ces bords; le soleil dans son cours n'éclaire point de plus grandes merveilles que celles qui sont cachées dans cette Isle: passe si tu veux les connoître.

un colonne de marbre frappe ses regards, & excite sa curiosité. Il entre dans une petite barque, la laisse voguer au courant du fleuve, & aborde dans l'Isle pour y jouir des prodiges que l'inscription annonçoit. Renaud ne trouvant dans cet endroit aucunes des merveilles promises, se dispose à regagner le rivage, mais il est arrêté par des Etres enchantés qui sous la forme de Nayades & de Nymphes employent tous leurs charmes pour le séduire; une vapeur soporifique s'empare de ses sens, il s'endort sur un gazon, & les Nymphes lui peignent les songes les plus agréables. Armide cachée derriere un bosquet exprime en paroissant la joye barbare de se venger; elle s'élance sur Renaud pour le percer de mille coups: mais son bras est arrêté par un charme plus puissant que tous ses enchantemens. Elle se reproche sa faiblesse, elle vole une seconde fois vers sa victime, mais les traits animés de Renaud, un soûrire enchanteur, tel que celui que l'amour & le plaisir impriment sur la physionomie, suspendent le coup; le fer lui échappe de la main, sa rage fait place à des sentimens plus doux; son cœur qui respiroit la vengeance, ne respire plus que l'amour; elle enchaîne le jeune Héros avec des guirlandes, & elle le transporte dans son palais.

La décoration repréfente les magnifiques Jardins du Palais d'Armide.

Cette Princeffe paroît avec fon vainqueur; ils font entourés par un Cortege enchanté & voluptueux; les Jeux, les Plaifirs, les Graces, l'Amour & une foule d'Amants fortunés compofent leur fuite & peignent par leurs attitudes l'excès de leur félicité. Ces images féduifantes font fur le cœur du jeune Guerrier l'impreffion la plus vive, les tableaux animés du plaifir effacent de fon ame l'amour de la gloire; il préfere les rofes aux lauriers; on orne fon vêtement de fleurs, on le couronne de myrthe; & enivré de fon bonheur, il fe jette aux genoux d'Armide. Ces deux amants expriment par leurs jeux que rien n'égale leur félicité. Ils quittent, ainfi que leur fuite, le lieu de la Scène, pour parcourir tous les endroits délicieux du jardin enchanté.

Ubalde & le Chevalier Danois ayant furmonté, à l'aide d'une verge d'or, tous les obftacles que la magie leur avoit élevés, paroiffent dans ce jardin; mais ils font arrêtés par des Nymphes; elles les invitent à quitter la gloire pour s'abandonner aux plaifirs; les Graces & l'Amour entourant Ubalde, il ne réfifte que bien faiblement aux piéges de la volupté, & par une force fupérieure, il eft entrainé vers les objets délicieux qui s'offrent à lui; il va céder à l'impression de leurs charmes, mais le Chevalier Danois s'empare de la Verge d'or, il l'agite, & les Fantômes voluptueux disparoissent à l'instant.

Les deux Guerriers vont poursuivre leur entreprise, lorsqu'une Nymphe sous la forme & la figure de Lucinde, jeune Danoise tendrement aimée du Chevalier, l'aborde avec l'empressement du désir. Elle lui rappelle ses serments, elle lui exprime sa tendresse. Le Chevalier Danois oublie tout pour se livrer au plaisir de voir & de retrouver ce qu'il chérit. C'est en vain qu'Ubalde employe les rémontrances pour l'éloigner des charmes qui séduisent sa raison, il n'écoute rien. Lucinde l'engage à suivre ses pas; mais au moment, où il se dispose à l'accompagner, Ubalde secoue la baguette d'or, la fausse Lucinde disparoît, l'illusion cesse, & le Chevalier honteux de cet instant d'égarement se retire avec Ubalde, en se reprochant sa crédulité & sa faiblesse.

La décoration représente un salon richement décoré du Palais d'Armide.

Armide & son Amant sont suivis du plus brillant cortege, ils se placent sur un Sopha; les Jeux, les Plaisirs, les Nymphes, les Graces,

& les Amours, s'empreffent à l'envi d'exécuter des danfes, & à fe groupper de diverfes manieres à l'entour de Rénaud & d'Armide. Cette Magicienne tient un miroir qui lui a été préfenté par l'Amour, elle y admire les traits réfléchis de Renaud; le jeune Guerrier y cherche à fon tour ceux de fon Amante, leurs yeux s'y rencontrent, ils y lifent mutuellement les fignes de leur bonheur. Armide employe tout ce que l'art & la coquetterie peut avoir de féduifant lors qu'elle eft accompagnée par les graces : Renaud enchanté de fa félicité l'exprime par fon action.

Cependant Armide le quitte pour un inftant. Elle doit vaquer à quelques miftéres magiques préparés pour lui affûrer la poffeffion conftante de Renaud. Ce n'eft qu'avec douleur qu'il voit cette abfence momentanée; l'amour dont il brûle pour Armide eft fi violent que l'idée d'en être féparé un inftant, jette le trouble & le défefpoir dans fon ame.

Ubalde & le Chevalier Danois, qui ont été préfens à ce qui vient de fe paffer, s'avancent vers Renaud. A leur afpect, il refte interdit & confus. Ubalde lui préfente le bouclier de diamans: le jeune Héros n'a pas plûtôt jetté les yeux fur ce miroir fidele qui a la vertu de démafquer les faibleffes & les vices, qu'il recule de honte & de défespoir; la vue de son ajustement efféminé & des guirlandes dont il est orné l'enflamme de colere; il arrache ses vêtemens, il brise sa couronne, il déchire ses guirlandes & il se hâte de se dépouiller de tous les vains ornemens qui ternissent sa gloire.

Le Chevalier Danois profitant de cet instant, fait briller à ses yeux les armes qu'il lui apporte: Renaud s'en saisit avec transport; il abhore sa faute; il déteste sa passion; il regrette les jours qu'il a dérobés à la gloire, à l'honneur, & à son devoir, & qu'il a honteusement passés dans la molesse. Il embrasse les deux Chevaliers, & les conjure de l'arracher d'un lieu où son cœur pourroit courir encore quelques nouveaux dangers.

Ils vont partir, lorsqu'Armide, instruite par son Art de ses malheurs, paroît avec précipitation. Renaud qui craint de succomber aux attraits séduisants de la Magicienne, détourne ses regards, & n'ose lever les yeux; elle l'accable de reproches; elle passe à la priere; elle se précipite même aux pieds de Renaud qui vivement ébranlé, & le cœur flottant entre l'amour & la gloire, ne résiste que faiblement aux nouveaux piéges que la volupté lui présente. Ses amis honteux de sa faiblesse employent de leur côté tout ce qui peut le ramener à son devoir; ils l'arrachent des bras d'Armide, à laquelle il fait les plus tendres adieux. Cette Amante éplorée, ne pouvant soûtenir sans mourir l'idée désespérante du départ de celui que son cœur idolatre, tombe évanouie. A cette vue Renaud se dégage des bras des deux Chevaliers pour voler aux genoux de sa Maîtresse; il s'y précipite; il prend ses mains; il les arrose de ses larmes & fait de vains efforts pour la rappeller à la vie. Les deux Chevaliers indignés de la faiblesse de Renaud, lui présentent de nouveau le bouclier de diamants & l'arrachent enfin des pieds d'Armide. Le départ de Renaud est accompagné de tous les regrets d'un cœur fortement épris, & qui sacrifie à son devoir l'objet qu'il aime avec la plus forte passion. Ce Héros s'éloigne à pas lents en regardant sans cesse Armide, & en peignant l'excès de la douleur & du désespoir dont son ame est déchirée.

Armide en revoyant la lumiere ne peut plus douter de l'inconstance de son Amant; c'est en vain qu'elle l'appelle & qu'elle éclate en reproches. Désolée de la perte qu'elle vient de faire, elle se livre à tous les sentiments qu'inspire le désespoir. Elle évoque la Haine, la Fureur & la Vengeance. Ces filles de l'Enfer accourent & obéissent à sa voix. Armide brise le

carquois & les flêches de l'amour, elle déchire
son bandeau, elle s'arme du flambeau de la
Vengeance, elle embrase son palais. Le tonnerre gronde, les éclairs percent la nue, une
pluie de feu le détruit entierement; elle monte
sur un char; la Vengeance, la Haine & la Fureur se groupent autour d'elle; elle se fraye
une route dans les airs. Dans cet instant tout
le palais s'écroule, & l'on n'apperçoit qu'un dé-
sert épouvantable habité par des Monstres.

4.
*Extrait de la Liste des spectacles donnés
au College Impérial pendant le Carnaval de 1775* (*).

Argomenti delle tre sceniche representazio-
ni colle quali nel corrente Carnevale dell' anno
1775 si trattengono I Signori *Convittori del
Collegio de' Nobili Regio Imperiale Longone* di-
retto da' Chierici regolari della congregazione
di S. Paolo, intitolate:

(*) Cette liste est imprimée sur 4 pages in folio; & les
Acteurs dans les pieces & dans les ballets, tous Marquis, Comtes ou autres gentilshommes, y sont tous
nommés. J'ai cru plus intéressant de conserver dans cet
extrait la langue originale.

La prima *Jefte*, del Sig. Conte *Orazio Calini* Bresciano (*).

La seconda: *L'Uomo singolare*, del Sig. *Destouches*, tradotta dal Francese nell Italiano idioma in Milano.

La terza: *La Dottoressa preziosa*, del Sig. Dottore *Jacopo Angelo Nelli* Sanese.

Argomento della prima. Bastera per supplire all' argomento di questa tragedia la notizia che tutti hanno della famosa istoria di Jefte descritta nel libro de' Giudici. Attori: *Jefte*. *Jaele*, Moglie di Jefte; *Seila*, figlia di Jefte. *Ozia*, sommo Sacerdote, e Profeta. *Azaria*, promesso sposo di Seila. *Elcimo*, Uffiziale di Jefte. *Manasse*.

Argomento della seconda. (*On l'indique de même que les Acteurs, mais cette piece est trop connue pour que je doive m'y arrêter.*)

Argomento della terza: *Saforosa*, donna vedova e giovane s'invoglia smoderatamente di comparire ingegnosa e dotta. Stringe perciò amicizia con *Terenziano* poetastro, il quale con pretesto d'instillarle scienzia e letteratura attende ad impadronirsi del cuore e delle richezze di lei. Scoprendosi finalmente *Terenziano* per

---

(*) Ce gentilhomme passe pour un des meilleurs auteurs dramatiques Italiens actuels; j'ai indiqué d'autres pieces de lui dans mes *Zusätze* T. II. p. 740.

Uomo ignorante e malvaggio è costretto fuggire; e *Saforosa* disingannata non meno dell'Impostore che della propria vanità, divien sposa di Cleante giovane savio e di merito.

Attori: *Saforosa*, vedova giovane, Dottoressa. *Petronia*, Padre della Medesima. *Orazio*, fratello della stessa. *Cleante*, giovane erudito, amico d'Orazio. *Cornelia*, Amante d'Orazio, e Sorella di Cleante. *Terenziano*, poetastro amico, e amante segreto, di Saforosa. *Pippo*, servo della stessa. *Bitta*, servetta di Cornelia. Discepoli (*deux*) di Terenziano.

Suivent les noms de 10 jeunes gens qui recitano nell' Introduzione; espece de Prologue.

Ballo primo.

C'est un petit ballet ordinaire, à 4 parties; savoir: une à 8 personnes; une à deux (in due); *une à trois & une* a solo.

Ballo secondo.

Si rappresenta la cagione della pazzia d'Orlando, la pazzia e la guarigione.

Orlando. *Astolfo. Angelica. Medoro. Gelosia. Amore. Pastori* (au nombre de huit).

Ce ballet est en 9 entrées: Quatre à deux personnes. Une à six. Quatre a solo.

Ballo terzo.

Un pedante che ha prefo dominio fopra l'animo di Pantalone proibifce a lui di permettere in cafa fua l'innocente divertimento del ballo, al quale foftituifce il giuoco proibito dalle leggi. La Giuftizia forprende e punifce il Pedante; e quindi nafce a tutta la Compagnia di Pantalone libera facoltà di ballare.

Pantalone. Sua Moglie. Figli (3) de' Medefimi. Figlie (3) de' Medefimi. Pedante. Maeftro di Ballo. Maggior domo. Governatrice. Gondolieri (2). Mercante. Fachino. Podeftà. Notajo. Arlechino. Arlechina. Schiavoni (2). Loro compagna. Inglefi (2). Lora compagna. Uffiziali (2). Loro compagna.

Ce ballet a 8 parties: Un ménuet à deux perfonnes. Deux ménuets à fix. Deux danfes figurées à deux. Trois in tre.

Maeftro de' Balli: Sig. *Antonio Porro*, Milanefe.

Architetti e Pittori: Signori Fratelli *Riccardi*, Milanefe.

Compofitori delle Arie: Sig. *Carlo Sala*, Milanefe.

Inventori degli Abiti: Sig. *Luca Piazza*, Milanefe.

LETTRE XI.

à Milan, le 5. Mars.

Me revoici, Monsieur, avec mes cahiers.

Le 26. Février. (Dimanche.)

Je commençai mes courses de la matinée avec Mr. *Guibert*, que je Vous ai déjà nommé à la fin de ma précédente, & que je Vous nomme avec plaisir parce que c'est un très brave & galant homme. Nous vîmes le *Seminaire*, bel édifice — la jolie façade de *S. Pietro de' Celestini*. — Celle de *S. Bartholomeo* plus ornée, peut-être trop, mais encore de bon goût. — L'Hôpital très propre de *S. Giov. di Dio*, de 50 à 60 lits, à rideaux, & qu'on aggrandit actuellement. — La nouvelle maison de *Correction*, où l'on remarque une grandissime salle à laquelle répondent trois étages de chambres avec des galleries au niveau de chaque étage, desquelles les prisonniers peuvent entendre la messe qu'on dit dans la salle. Enfin nous vîmes, conduits par Mr. *Barella*, la plus grande partie de la Bibliotheque & des tableaux de S. E. Mr. le Comte *de Firmian*; & Vous m'en faurés gré peut-être si je m'arrête un peu sur ces magnifiques collections.

La Bibliotheque est déjà d'environ 30000 Volumes, tous très bien reliés & rangés suivant les matieres, dans 5 ou 6 salles; sans compter une piece où ne se trouvent absolument que des livres anglois; je n'ai pas eu le tems de feuilleter beaucoup de livres, mais on m'a montré comme des ouvrages rares une *Architettura militare* de *de' Marchi* impr. à Bologne en 1600 & les dessins de *Palladio* que Milord *Burlington* a fait graver. Cette bibliotheque se distingue surtout par une superbe collection d'estampes de toutes les écoles de peinture, & de toutes les galleries, & d'autres recueils précieux du même genre; je me suis arrêté le plus aux grandes estampes enluminées qui représentent les loges du Vatican, elles sont tout nouvelles & d'une grande beauté. — Dans une des salles se voyent deux beaux globes, de $3\frac{1}{2}$ ou 4 pieds de diametre, faits à la plume par *Moroncelli*.

La collection des Tableaux répond à celle des livres; elle est distribuée dans 8 ou 10 chambres; je ne vous nommerai que ceux qui m'ont frappé le plus. Quelques portraits par *Rem-*

brand, dont l'un est celui d'une femme; je ne crois pas que *Rembrand* ait peint beaucoup de femmes. — Quelques beaux *Guides*, entr'autres un Christ mort. — Quelques beaux tableaux du *Titien*. — Un portrait par *Paul Veronese*. — Une copie d'un tableau de *Raphaël*, faite dans sa maniere par un de ses disciples. — Différens beaux morceaux du *Schidone*, de *Campi*, du *Bassan*, de *Cerano* & de *Lignano* deux Milanois modernes, de *Cignani*, de *Sassoferato*, du *Poussin*, du Chev. *Tempesta*. — Un beau Christ mort, une décollation de St. Jean Batiste & encore un 3e tableau de *Crespi*. — Une *Leda*, morceau précieux, de *L. da Vinci*. — Une tête par le *Correge*, dont on soupçonne le corps être à Sansfouci & & avoir été séparé de la tête par la bigotterie connue du Duc d'Orleans, le pere je crois de celui d'aujourd'hui. — Une Susanne, par l'*Albane*. — Une tête du *Dominiquin*. — De beaux ouvrages de *Vandyck*, portraits & autres; particulierement sa propre famille. — Des *Bourguignons*. — Une belle marine de *Claude Lorrain*. — De beaux tableaux d'*André del Sarto*, du *Guerchin*, de l'*Espagnolet*, de *Luino*, de *Ferrari da Regio*, de *Pannini*. — Un grand tableau de *Rubens*; enfin le portrait de *Raphaël* peint par lui-même.

On voit encore dans 2 falles deux précieux morceaux de fculpture antique: favoir une Andromede trouvée à Athenes par les Vénitiens, & un Cacus mort trainé par Hercule; ils ont été donnés au Comte par le Duc de Modene dans la gallerie duquel ils étoient auparavant; Mr. *de la Lande* en parle avec beaucoup d'éloge à l'article de Modene (T. I. p. 541. 542.)

En dinant chés Mr. *Bonnet* avec d'autres étrangers, dans une piece de fon appartement que je n'avois pas vue encore, j'ai trouvé ici auffi quelques beaux tableaux que je ferois faché de n'avoir pas vus; le plus précieux & le plus remarquable eft celui d'une femme nue, couchée, qu'un homme dévore de fes regards & cet homme eft le peintre lui-même, *Paul Véronefe*.

Je fis un tour au château de Milan, efpece de citadelle, dans le même quartier; il n'eft pas des plus forts, mais très grand & fa principale Cour eft vafte & forme un beau quarré long.

Mr. *Bonnet* me mena enfuite au Cours, où nous trouvâmes force pouffiere, beaucoup de piétons & plus de 1000 voitures.

Après 8 heures j'allai encore caufer au coin du feu chés le P. *Frift*, toûjours également acceffible & dont le bon chocolat eft à toutes les heures au fervice de fes amis; aujourd'hui j'en ai pris une tasse pour mon souper, un autre jour j'en ai fait mon dîner. Nous descendîmes au théatre & vîmes encore les trois derniers actes de la tragédie de *Jefté*, les jeunes gens se surpasserent dans les ballets.

Le 27. Fevrier.

Ce matin je fis chés le P. *Frisi* la connoissance de M. *de Volta*, un Patricien de Côme & bon Physicien qui doit avoir écrit sur l'électricité. (*)

Le P. *Frisi* me mena voir le maître-autel de l'église de St. Alexandre, qu'on dit le plus beau morceau de cette espece en Italie, & je suis porté à le croire tant il est magnifique. Il est incrusté entièrement de *pietre dure*, parmi lesquelles on remarque même des topases, mais ce qui frappe encore plus c'est le tabernacle qui renferme le ciboire & qui est enrichi de pierreries d'un éclat éblouissant. Peu-d'étrangers le voyent, parcequ'il ne se découvre que rarement. On dit que toutes ces richesses dérivent d'une

(*) Je ne puis dire au juste quel est cet ouvrage sur l'électricité; ce ne peut être encore la description de son *électrophore* qui depuis a fait tant de bruit & qui avec les autres belles découvertes de M. *de Volta*, généralement connues, l'a mis au nombre des physiciens les plus ingénieux de l'Europe: il est jeune encore, d'une grande & aimable figure.

succession contestée; qu'elles furent apportées à Milan pour les sauver, & données ensuite aux Barnabites pour l'usage qui en a été fait.

Nous fîmes ensuite quelques visites: au savant C. *Pierre Verri* dont Mr. de LL. parle (T. I. p. 368.) que nous ne trouvâmes point mais dont j'avois dejà fait la connoissance chés le C. *de Firmian*, au Ministre le C. *de Carli* & au Président *de Pécis*, desquels je vous ai dejà parlé; à l'aimable Comte *de Carli* le fils, (*) enfin au Marquis *de Beccaria* devenu si celebre par son *Traité des délits & des peines* traduit en tant de langues; même nouvellement en espagnol. On le dit réservé, cependant il m'a reçu très poliment.

J'ai vu aussi ce matin le palais très bien meublé du Prince *de Belgiojoso*; la grande Salle est une des plus belles de Milan, & on y voit, ainsi que dans les autres pieces, un grand nombre de bons tableaux; les meilleurs me parurent être des Ecoles Romaines & Bolonoises. En passant près de l'Église des Servites, on me fit remarquer une statue antique mutilée, que le peuple désigne par le nom d'*uomo di pietra*.

(*) Si je ne me trompe il est l'auteur de la traduction en vers blancs, du Poëme du P. *Doissin* sur la sculpture; *La scoltura, versi Sciolti Mil.* 1775. 12.

J'eutrai dans la Cour du Palais *Marini* (aujourd'hui la douane des accifes) qui mérite beaucoup d'être vue. La façade de l'ancien Palais *Marliani* me parut remarquable auffi; elle eft en briques, mais fort ornée de bas-reliefs, également de terre cuite & dont l'art paroît s'être perdu ou du moins n'être plus en ufage.

Je dînai à l'hôtel de Lyon, chés un traiteur qui tient table d'hôte & j'eus le plaifir de m'y rencontrer par hazard avec M. *de Volta*.

Le cours où je fis un tour enfuite, m'amufa beaucoup; c'étoit aujourd'hui un des grands jours de mafcarade; & je vis un nombre prodigieux de masques, les uns plus bizarres que les autres. Par ex. Une vierge affife fur une âne avec l'enfant & accompagnée de St. Jofeph. Une femme qui fembloit portée fur le dos d'un portefaix factice &c.

J'allai de là à l'obfervatoire où je montai jusques fur la terraffe pour jouir de la belle vue de toute la ville, mais je m'arrêtai le plus dans l'attelier de M. *Meghele*, l'habile mécanicien de l'obfervatoire & qui demeure dans le même bâtiment; que d'avantages réunis pour les progrés de l'aftronomie & pour la commodité des aftronomes!

Après la nuit tombée je me rendis au College Impérial pour affifter à un concert, qu'y donnoient les jeunes Nobles. J'entendis *Martinenga* qui a été à Berlin, & l'abbé *Piozzi* un *tenore* excellent & compositeur de belles ouvertures; (*) je fis aussi la connoissance de l'aimable Comte *de Belgiojoso* le fils du Prince dont j'avois vu ce matin le Palais.

Le 28. Février.

Allé chés le P. *Frisi*, où le P. *Recani*, Barnabite & bon Mathématicien, vint me prendre pour me faire voir la Bibliotheque & le Cabinet de Physique de leur Couvent de St. Alexandre. J'ai distingué parmi les instrumens: une machine pneumatique; les machines pour expliquer les forces centrales & la chûte des corps & d'autres bons instrumens de mécanique; plusieurs machines électriques, une entr'autres dont le globe est un cylindre couvert de velours &c. Même divers instrumens d'astronomie: par ex. une Pendule *de le Paute*, à verge composée, & deux quarts de cercle de 30 pouces de rayon, qu'on dit faits à Turin; ils sont à transversales & dans le plan du limbe se meut un cercle denté d'environ 18 pouces divisé, si je ne me

(*) Il est parlé avec beaucoup d'éloge d'un abbé *Piozzi* qu'on a entendu à Paris en 1776, dans les *Mémoires secrets ou Journal d'un Observateur* T. IX. p. 84. 85. Mais on le dit *Soprano*, ainsi ce n'est pas le même ou il y a erreur soit dans ce Journal, soit dans le mien.

trompe, de minute en minute, par l'espace de 80 degrés. Il sert de nonius & pour les petits mouvemens, & c'est une invention que je ne me rappelle pas avoir vue ailleurs. Ce Peres ont aussi un télescope *de Dollond*, mais que je n'ai pas vu. Je vis encore la grande Salle & une partie des écoles, & je fis ensuite une course inutile à la Bibliotheque Ambrosienne. En attendant qu'elle s'ouvrît j'allai voir quelques églises.

S. *Paolo*, église de Réligieuses, qui est double; une moitié ne sert que pour les réligieuses, qu'on ne voit pas, l'autre est pour le public. On y voit de beaux tableaux des *Campi*. L'architecture extérieure m'a plu d'avantage que l'intérieure, qui ne m'a pas paru de bon goût; mais le maître-autel est joli.

S. *Eufemie*, Paroisse, a un joli autel à Tabernacle.

S. *Madeleine*, Egl. de Réligieuses Augustines, double, a de bons tableaux.

S. *Sebastien*, Paroisse, est bâtie en Dôme, & a une des plus vastes coupoles qui soit à Milan; avec une coupole plus petite audessus du grand autel qui est beau & orné d'un tabernacle.

S. *Sepolcro*, *Collegio de' sacerdoti obblati*: on y voit de belles colonnes de marbre, un tableau remarquable du *Bramante*, & cette église se présente très bien, intérieurement & extérieurement.

Je retournai ensuite à la Bibliotheque Ambrosienne, & je demandai après Mr. le Dr. *Bughetti* un des bibliothécaires (*), qui eût la complaisance de me montrer cette fameuse collection; mais je fis aussi la connoissance de Mr. le Dr. *Branca*, autre Bibliothécaire & grand Orientaliste.

On me montra le Ms. de *L. da Vinci* sur l'ombre & les couleurs, écrit en caracteres renversés, ayant été destiné à être gravé. — Deux beaux Mss. de lettres du Pape *Pie II*. — Un Ms. de *Galilée* sur les fortifications (**); — Un St. *Grégoire de Naziance* & d'autres richesses de ce genre, probablement très connues. — Un grand globe gâté de 3 à 4 pieds de diametre. — Les beaux tableaux qui remplissent toute une salle. — Les modeles & autres morceaux de sculpture, dans une autre sale &c. Les tableaux méritent une attention particuliere, il y en a de très précieux; Vous en trouverés

(*) Je suis en doute s'il est bibliothécaire & si j'ai bien écrit sans nom.

(**) On trouve beaucoup de Mss. mathématiques de cette Bibliotheque indiqués dans la *Historia Matheseos Universæ* de *Heilbronner*, pag. 561-564. c'est un extrait de la *Bibl. Bibliothecarum*, du *P. Montfaucon*: mais ce MS. de *Galilée* n'y est pas indiqué.

décrits un bon nombre par MM. *Cochin* & *de la Lande*: remarqués cependant que la tête qu'ils prétendent peinte par *Raphael* & qu'on n'a pu m'indiquer est probablement celle du Pape *Paul III.* peinte par *Michel-Ange*; que quelques beaux tableaux de *Luino* & autres auroient mérité d'être cités; &c.

La Bibliotheque est, si j'ai bien entendu, de 30000 volumes & il y a un fonds pour l'augmenter. Elle n'a pas fort grande apparence, & la place commençant à manquer, on se propose d'àcheter un bâtiment voisin pour les sales de Peinture & de Sculpture. (*)

Après le dîner chés S. E. Mr. le C. de *Firmian,* j'allai voir, prés de son hôtel, le College

(*) J'ai négligé dans mes *Zusätze* de faire mention des ouvrages suivans qui concernent la fameuse Bibliotheque ambrosienne: JAC. PHIL. OPICELLI *monumenta Bibliothecæ ambrosianæ.* Mediol. 1618. 8. — ERYCII PUTEANI *Oratio de usu fructuque librorum Bibl. Ambr.* in PUT. *Suad.* att. Lugd. Bat. 1623. 8. — PETRI PAULI BOSCHÆ *de Origine & Statu Bibl. Ambr. Libri V.* in GRÆVII *Thes. Ant. & Hist. Ital.* T. IX. Part. VI. Parmi les derniers voyageurs c'est le savant Suédois Mr. *Björnstahl* qui a dit le plus de choses instructives sur cette Bibliotheque, de même que sur les autres qu'on voit à Milan; seulement faut-il observer que la célèbre Bibliotheque *Pertusati* appartient aujourd'hui au College Royal *de Brera* & que celle de feu M. *de Haller* a augmenté le nombre des Bibliotheques remarquables de Milan.

des Nobles de St. Jean qui a appartenu ci devant aux Jésuites & qui probablement sera donné aux Barnabites. Je revins chés moi pour écrire des lettres & j'allai tard passer une heure à un petit bal, chés un Orfevre allié avec mes hôtes. On dansa des menuets & des contredanses angloises & à 10 heures on eut pour collation du vin rouge sec & de petits gâteaux de pâte feuilletée.

Le 2. Mars.

MM. les Abbés *de Césaris* & *Reggio* m'accompagnerent au Dôme; mais nous ne pûmes monter sur le toît ni sur la tour, parce que le sacristain y étoit avec d'autres & avoit fermé en bas l'entrée, à clé. Je vis du moins les curiosités de l'église & surtout la célebre & riche chapelle Borromée.

Nous allâmes encore dans d'autres églises: S. *Etienne*, dite *della Rotta* en mémoire d'un prodige où le sang des catholiques s'est séparé de celui des Arriens après une escarmouche dans cette église; on montre sur le pavé le monument de ce prodige.

La Passion, à laquelle on arrive par une longue & belle avenue, & qui renferme beaucoup de beaux tableaux spécifiés dans la *Descrizione di Milano* par *Latuada*, grand ouvrage de 5 volumes in 8vo dont j'ai oublié jusqu'à ce moment

de

de Vous faire mention. Le maître-autel est un des plus beaux qu'on puisse voir, fait de *pietre dure* ornées de peintures &c. il mérite d'être examiné de près. La boiserie du chœur est belle & présente des perspectives en sculpture. Au fond du chœur est un beau tableau de *Lavini* & dans le Réfectoire se voyent deux immenses tableaux qui ne sont pas du tout mauvais. J'ai remarqué aussi dans cette église un très beau mausolée de marbre de Carrare, orné de festons d'excellente sculpture & érigé à la mémoire de l'Archevêque D. *Birago*, fondateur de l'Eglise, mort en 1487. Mais j'ai été fort choqué d'une figure de Christ sur un des bas-reliefs de la façade; on ne peut voir un air plus ignoble, plus digne de la fustigation, sujet du bas-relief.

Nous avons fait ensuite une visite à Mr. le Marquis *Castelli*, Seigneur aussi instruit & aimable que distingué par sa naissance & par l'emploi qu'il fait de ses richesses. Il a cultivé l'Astronomie pratique, mais une chûte malheureuse qu'il a faite, l'a mis hors d'état de se livrer encore aux observations autant qu'il voudroit. Il m'a montré ses beaux instrumens: Une lunette achromatique de 5 pieds par *Dollond*. — Une autre, un peu plus longue par *Passemant*, dont le verre a souffert dans le voyage. — Un beau télescope de 2 pieds de foyer par *Dollond*. — Un autre de 12 pouces, par *Nairne*. — Un petit télescope de poche. — Une de ces jolies petites lunettes de poche, de *Dollond*, (qui commencent à devenir communes) où le pied, à trois pattes, peut se mettre dans le tube de la lunette. — Quelques autres lunettes de différentes grandeurs. — Un petit sextant fait à Paris par *Bernier*. — Un joli système de *Copernic* avec ses mouvemens, fait à Paris par *Robert*, & auquel sert de pendant une sphere armillaire, de même fort joliment travaillée. Le Marquis de *Castelli* possede aussi de beaux instrumens de Physique en grand nombre, entr'autres différentes machines électriques parmi lesquelles il y en a déja une à plateau, & ce disque est très beau. Enfin j'ai vu encore dans ce palais meublé richement & de grand goût, une jolie Bibliotheque & plusieurs beaux tableaux.

Après un grand & beau dîner chés M. *Rougier*, Négt. je fis une promenade au Cours. C'étoit un des grands jours ; la quantité de carosses & de chaises à 2, 4 & 6 chevaux étoit prodigieuse ; celle des masques à pied, à proportion ; il y en avoit beaucoup aussi à cheval. Sur plusieurs voitures même les cochers & les laquais étoient masqués, en arlequins, en scapins ou autrement. Les compagnies les plus gaies qui remplissoient les voitures y avoient des corbeilles remplies de mauvaises dragées dont ils jettoient des cueillérées pleines dans les carosses de personnes de leurs connoissance, & aux gens qui garnissoient en foule les fenêtres & les balcons des maisons qui bordent le cours; il ne faisoit pas trop sûr pour les piétons dans ces nuées de grêle.

Le soir j'ai assisté à une fête un peu plus grande chés le même Mr. C. où j'ai été la veille. Il y est venu un ami de la maison, avec un instrument de musique très agréable, dont il joue en perfection & qui m'étoit inconnu. C'est le luth combiné avec une petite harpe, de la forme à peu près que voici. Il y a cinq doubles cordes de métal au Luth; & celles de la Harpe passent sur deux pieces composées chacune de trois pieces qui ne sont pas jointes par leurs extrémités, mais de la maniere que j'ai indiquée. On touche la harpe avec les doigts de la main droite, & ceux du luth avec un doigt de la gauche, muni d'un dé qui se termine en crochet.

Plus de 30 personnes ont été de cette petite fête; on a présenté des petits gâteaux &

du vin à 10 heures, pendant qu'on danſoit, & vers minuit on a ſoupé: presque tous ont pu s'aſſeoir; les hommes ont été fort gais & ont beaucoup bû, quoique ſans excès; les femmes de même, ſans être gaies; il m'a paru véritablement ſurprenant, que ſi je n'avois demandé un verre d'eau, il n'en auroit pas paru une goutte à ce répas. Il eſt vrai que le vin n'étoit pas fort & d'une acidulité rafraîchiſſante. Les plats ont été ſervis les uns après les autres. On a commencé par de petites tranches de ſauciſſon; enſuite ſeulement eſt venue la ſoupe, de laſagnes larges (eſpece de *Macaroni*). Les plats ſuivans ont été; une poularde cuite, découpée, avec une farce aux pignons; un ragoût de volaille, avec une ſauce douce, & une autre volaille cuite avec des carottes; de la volaille blanche rôtie avec des pommes & des ceriſes ſeches; enfin le deſſert: de fromage, de raiſins & de differentes eſpeces de pommes. Après le ſouper un des convives eſt monté ſur une chaiſe & a fait à l'impromptu, & avec une grande facilité, un long ſermon burlesque très plaiſant, ſur la gourmandiſe, ſur notre ſoûper & ſur les incidens de la fête; on a danſé encore une contredanſe, on a expedié encore un plat de biſcuits ou plûtôt de croûtes dorées, avec quelques bouteilles de vin & on s'eſt retiré après

2 heures. Je Vous avoue, Monsieur, que cette fête m'a fait plus de plaisir que la plus grande fête de cour; celles-ci se ressemblent à peu près partout; mais celle dont je Vous ai fait la description, au risque que Vous Vous moquiés de moi, étoit nationale, & très intéressante, par conséquent, pour un voyageur.

Le 2. Mars.

Mr. le Baron *de Cronthal* est venu me prendre pour me mener à l'Archevêché, en voir les appartemens & surtout les tableaux; ceux-ci forment une très belle collection dans une longue gallerie. Je les ai comparés avec les descriptions de MM. *Cochin* & *de la Lande*, mais je Vous fais grace de ces détails. J'ai vu dans d'autres pieces des tableaux acquis plus nouvellement: par ex. de belles vues de Rome, des tableaux dans le goût de *Breughel* & d'autres beaux morceaux modernes. Le Cardinal Archevêque est lui-même grand Amateur de peinture & en forme une nouvelle collection à sa maison de compagne, où il se trouvoit actuellement & où il doit avoir fait transporter les tableaux de *Pannini* dont Mr. *Cochin* fait mention (T. I. p. 45.).

Je suis monté ensuite avec Mr. *de Cronthal*, sur le toit de la Cathédrale; & j'ai vu cette immenſe carriere de marbre avec étonnement, mais indigné un peu de tant de profuſion de la matiere & du travail, mal employée. Il n'y a pas d'apparence que ce ſingulier édifice ſoit jamais achevé, mais on ne laiſſe pas d'en continuer la bâtiſſe, & la tour, un de ſes principaux ornemens, vient d'être achevée tout nouvellement. Contre les opinions des meilleurs géomètres de Milan, rapportées par Mr. *de la Lande* (T. I. p. 284.) on a exécuté la pyramide dont ce voyageur parle, & on vient de placer ſur cette aiguille une ſtatue de la Vierge, de marbre & dorée (*).

Je revis r' .s en détail que la premiere fois la chapelle P . omée, & le Saint lui-même, dans ſa chaſſe. Les pierreries dont elle eſt ornée jettent un grand éclat, mais on dit qu'elles ne ſont pas de fort grand prix.

J'ai trouvé au dîner, chés Mr. *Bonnet*, de mes connoiſſances de Genes, entr'autres l'aimable Banquier Génevois Mr. *Lamande*, qui étoient venus de Genes pour les derniers jours du Carnaval de Milan; car ſuivant le rite ambroſien qu'on obſerve à Milan, le Carnaval y

---

(*) Mr. l'Abbé *Friſi* a publié ſes remarques ſur le ſujet dont je viens de parler, avec une deſcription de la coupôle, dans ſes *Inſtituzioni di Mecanica* &c. citées plus haut.

commence & y finit trois jours plus tard qu'ailleurs en Italie, & bien des bons catholiques y viennent les derniers jours, plus encore pour abreger leur carême que pour prolonger leur carnaval; la contrainte de manger du poisson à des tems marqués leur fait prendre cet aliment presqu'en horreur, & on n'en voit presque jamais sur leurs tables, hors des jours maigres.

Nous allâmes en voiture au cours, extrémement brillant & tumultueux; la foule se continuoit, comme hier, sans interruption jusques sur la grande place; j'ai remarqué parmi les masques un Roland furieux, des Rabbins, des perruquiers qui poudroient les passans & qui n'épargnoient pas la poudre; on épargnoit encore moins les dragées.

Mr. *Lamande*, est allé avec sa compagnie hors de la ville voir un spectacle de college semblable à ceux dont je Vous ai parlé; j'aurois souhaité, pour avoir vu de tout, d'être de la partie, mais il étoit trop tard, d'autant qu'on n'entroit que par billets; ce qui a lieu, je crois, aussi dans les autres spectacles des Colleges, quand on n'a pas un aussi bon introducteur que j'en avois un au College Impérial.

J'ai vu cependant du nouveau, avec Mr. *Guibert*: un théatre de Marionettes dont la décoration étoit jolie; je n'y suis pas resté; j'ai passé ma soirée agréablement chés le P. *Frifi*; nous sommes descendus pour voir au théatre le grand ballet; & je suis revenu chés moi de bonne heure plus endormi qu'eveillé.

Le 3. Mars.

Mr. *Rougier* m'a prêté sa chaise & le Baron *de Cronthal*, m'a accompagné, pour voir à une petite lieue de la ville, la maison de Campagne nommée la *Simonetta*, remarquable par un écho dont Vous aurés lu quelque chose. Cet écho répete les 2 ou 3 premieres fois lentement, mais les suivantes fort vîte. Un coup de pistolet que nous avons lâché à différentes réprises, a été répété 58 à 65 fois & pendant que ces répétitions ont duré j'ai compté 15 secondes à ma montre. Un éclat de la voix sonore de Mr. *de Cronthal* a été répété 32 à 37 fois & j'ai compté 8 à 9 secondes. Mais il faut observer que le nombre des répétitions, que j'indique, se rapporte à l'ouie bonne & naturelle du Baron & non à la mienne qui est beaucoup plus foible ou, comme on dit, plus dure; par exemple, je n'entendois la répétition de sa voix que vingt & quelques fois. Le tems étoit froid & couvert, je m'imagine que cet écho doit se ressentir aussi de la disposition de l'air. Au reste la surface qui renvoye l'écho est fort voisine de l'endroit où l'on écoute; c'est le mur d'une des ailes de la maison, & on se place au premier étage d'une gallerie ouverte, de l'autre aîle; il n'y a que la cour entre deux. — L'architecture de cette maison de campagne est assés noble, il est domage qu'on la laisse dépérir; la maison est démeublée; la fille qui nous l'a montrée a prétendu nous faire voir des tableaux, qui se sont réduits à 3 ou 4 insignes barbouillages.

Vu au retour la jolie église de *S. Angelo in vado* & la belle & grande église de *S. Marc*. La premiere a une belle façade; il n'y a que les obélisques aux deux côtés du fronton qui me déplaisent; mais c'est le goût des Milanois; ils vantent beaucoup les façades à obélisques & on en voit à plusieurs églises.

Le Cloître de *S. Sempliciano* où nous entrâmes aussi, est beau & vaste; aujourd'hui les Gardes nobles & leurs chevaux logent dans le couvent. J'ai resté quelque tems au College de *Bréra* où j'ai vu la riche Bibliotheque, la belle colonnade de la cour, la statue, le globe & le serpent dont Mr. *de la Lande* parle avec plus de justesse que M. l'A. R. pp. 324. 325 (*).

H 5

(*) „Un globe de marbre surmonté par un dragon de bronze; autour de ce globe, il y a une zone de bronze qui présente en relief quelques signes du Zodiaque, parmi

Après le dîner: promenade au Cours en voiture avec Mr. *Bonnet*, mais non sans regret aujourd'hui de me séparer de ma pelisse; „si vous „n'étiés pas en robe de chambre, me dit M. B. „je Vous proposerois d'aller au cours" & sachant l'étiquette il me fallut bien me résoudre à quitter ce qu'il nommoit fort improprement ma robe de chambre. Vous aurés de la peine à croire que quelque tems qu'il fasse on ne peut se présenter décemment à cette promenade publique à moins d'être chapeau bas & habillé comme s'il s'agissoit d'aller à l'appartement chés l'Archiduc.

Je ne fis plus qu'une visite au P. *Barletti*; mais à 10 heures du soir je retournai chés M. *Bonnet* qui en attendant le souper me donna des éclaircissemens sur la partie mercantile du voyage de M. *de la Lande* (*). Vers minuit nous nous mîmes à table & après le souper nous allâmes, avec les étrangers de Genes, au bal du

lesquels est le verseau & c'est de l'urne de ce verseau que l'eau sort quand on fait jouer la pompe qui est près de ce globe."

(*) J'ai inféré ces remarques dans mes *Zusætze* T. I. p. 99. 100. Mais un ouvrage tout nouveau à consulter ce sont les *Memorie per servire alla storia del commercio dello stato di Milano* par M. *Angelo Pavesi* 1778. Le commerce de la ville & de la province de Côme en est à la vérité le principal objet.

théatre, qui se donnoit sans qu'il eut eu spectacle auparavant. La cohue étoit prodigieuse, & à cela près rien ne m'a frappé particulierement; la quantité de monde étoit cause peut-être qu'on ne pouvoit trouver ou discerner les masques les plus remarquables, d'autant que les dominos ou manteaux noirs, à la vénitienne, avec la Baüte, faisoient de beaucoup le plus grand nombre. Je ne sais comment il s'est fait cependant; sans danser, sans jouer, sans dormir & sans m'ennuyer, je suis resté jusqu'à 5 heures du matin. Il est vrai que je me suis arrêté souvent dans les salles du *Ridotto*, où l'on jouoit au *Biribi*; elles sont derrière le théatre, joliment ornées, & on y étoit assés à son aise. — Il ne m'a pas paru les jours de spectacle qu'on jouât beaucoup dans les loges, quoiqu'on dise que c'est l'usage en Italie. Les loges, quand personne n'y est, se ferment par devant avec des volets, qu'on monte comme des fenêtres à l'angloise; les armes des possesseurs des loges, lesquels sont toûjours des premieres familles, sont peintes sur ces volets, ce qui ne laisse pas de servir d'ornement. J'ai remarqué des volets semblables au théatre de Genes, mais il n'y en avoit que peu de peints.

Le 4. Mars.

Des lettres à écrire me permirent de me reposer ce matin de la veillée de hier; mais je ne laissai pas de satisfaire à un engagement que j'avois au Couvent de St. Alexandre avec le P. *Recani,* qui m'a fait faire la connoissance de M. l'Abbé *Lecchi,* Exjésuite, célébre par ses ouvrages sur les mouvemens des eaux (*), & celle du P. *Pini,* Barnabite, qui a la garde du Cabinet d'histoire naturelle fondé pour le College de St. Alexandre seulement depuis deux ans. J'ai trouvé cette collection déjà fort riche, pour ce court espace de tems; elle l'est surtout en minéraux, en pierres siliceuses, en fossiles & en cristaux. J'ai remarqué parmi ces derniers de beaux cristaux spateux filamenteux, du pays, & des cristaux rosacés de Hongrie; parmi les fossiles, des cadrans & d'autres pieces rares; le P. *Pini* m'a montré aussi une espece de talc du pays, curieuse en ce qu'elle est opaque & ressemblante à de l'argent, au point qu'on a commencé à la mettre en œuvre. Il y a des coquillages aussi dans ce cabinet, & en assés grand

───────

(*) L'Abbé *Lecchi* a publié encore après les ouvrages que j'ai cités dans les *Zusætze* T. I. p. 87. Un *Trattato de' Canali navigabili,* Milan 1776. 4. & il est mort la même année.

nombre déjà pour qu'on ait pu commencer à les assortir (*).

Après ma toilette, pour dîner chés M. le C. de *Firmian*, j'ai passé encore chés M. *Barella* qui m'a montré dans l'hôtel de S. E. quatre ou cinq chambres où je n'avois pas été & où j'ai vu encore beaucoup de beaux tableaux; j'ai admiré particulièrement un corps nud, par *L. da Vinci*, & j'ai vu avec bien du plaisir toute l'auguste Famille Impériale réunie dans une salle.

Le P. *Frisi* m'a accompagné au Cours, peut-être plus rempli que jamais; c'étoit le dernier jour du Carnaval. Revenu chés moi j'ai eu la visite de l'aimable Abbé de *Cesaris* & je ne suis plus sorti.

Le 5. Mars.

Déjeuné chés M. l'Abbé *de la Grange*, au College de Brera, après quoi le Baron de *Cronthal* m'a mené à la *Casa Litta*, le Palais magni-

(*) Le P. *Pini*, connu déjà par des dialogues sur l'architecture, par une Introduction à l'histoire naturelle & par une methode de préparer & de conserver les oiseaux dans les cabinets, (v. *Zusätze* T. I. p. 81. 95.) a publié depuis peu des *Osservazioni mineral. su la miniera di Ferro di Rio ed altri Parti dell' Isola d'Elba*. Milano 1777. 110. p. 8. Cet ouvrage intéressant doit se trouver en partie ou en entier dans le Journal de Physique du Mois de Décembre 1778. Il est propable, que par le séjour du P. *Pini* dans l'île d'Elbe, le cabinet auquel il est préposé aura reçu des augmentations considérables.

fique de Mr. le Marquis de *Litta*. Je fus présenté au Cavaliere *Litta* frere du Marquis; il me reçut si poliment que j'eus lieu de regretter d'avoir été introduit si tard dans cette maison, dont d'autres voyageurs ont déjà fait l'éloge comme d'une de celles qui fait le plus splendidement les honneurs de la ville. J'ai vu tout l'intérieur de ce beau palais, ou du moins les principales pieces, auxquelles on arrive par un escalier des plus imposans & digne, comme tout le reste, d'une maison royale. Deux longues salles ou galleries & d'autres pieces encore, sont remplies de tableaux des plus grands maitres: de *Vandyck*, du *Bourguignon*, d'*André del Sarto*, des *Procaccini*, du *Guerchin* &c. Un des plus remarquables est celui d'un peintre allemand ou flamand signé MDLXXX & représentant les évenemens les plus mémorables du Siege du Siege de Troye, avec des inscriptions auprès de chaque sujet, qui l'expliquent. On y voit un nombre prodigieux de figures, faites avec un travail & d'un fini étonnant (*).

(*) Le signe du peintre pourroit signifier *Martin de Cluf* si c'est un *C* qui est joint à l'*M*; ou bien *Matthieu Greuther*, si c'est un *G* & que ce célèbre graveur ait aussi manié le pinceau.

L'ameublement du palais *Litta* eft des plus riches & des plus élégans, foit dans les appartemens d'hyver foit dans ceux d'été; parmi les tapifferies de Bruxelles il y en une très belle d'après *Teniers*; une falle furtout m'a beaucoup plu, meublée de velours bleu & or, avec de grandes glaces & des fculptures en bois & dorées; c'eft une piece fuperbe & de grand goût.

M. *Reycends*, chés lequel je fis mon premier dîner du Carême, me mena au fortir de table chés Mad. la Comteffe *Clélie Borromée*, une Dame qui a paffé dans fon tems à jufte titre pour un prodige entre les perfonnes de fon fexe, par fa vafte erudition & par un zèle extraordinaire pour les progrès des fciences, & qui conferve encore, à l'âge de plus de 90 ans, avec beaucoup de politeffe, affés de préfence d'efprit pour que fa converfation n'ait rien de pénible ni de désagréable. J'ai été véritablement charmé d'avoir fait cette connoiffance & j'ai quité la refpectable Comteffe rempli de vénération pour elle (*).

J'entendis enfuite une belle mufique d'églife à St. Alexandre, où je vis le Cardinal Ar-

---

(*) Cette Dame eft morte l'année fuivante âgée de 93 ans; j'ai parlé d'elle affés au long dans mes *Zufætze* T. I. p. 96-98, en faifant mention auffi de l'Académie qu'elle a voulu fonder & pour laquelle elle a fait tout a qui a dépendu d'elle.

chevêque donner la bénédiction suivant le rit Ambrosien & avec le brillant ostensorio.

Enfin j'ai passée ma dernière soirée chés mon cher & illustre P. *Frisi*, où j'ai fait encore la connoissance de Mr. l'Abbé *Granella*, Professeur de Mathématiques au College ou à l'Université de Brera, qui s'occupe actuellement de la même matiere qui a fait le sujet de mes premiers Mémoires dans la collection de notre Académie (*). Il s'y est trouvé encore un autre jeune mathématicien de mérite, mais dont le nom malheureusement m'a échappé comme de tant d'autres savans avec lesquels je me suis rencontré.

Je pars de Milan demain, Monsieur; ainsi je laisserai ici ces feuillets pour Vous être envoyés par le premier courier, & j'en joindrai encore un où j'ai rassemblé quelques observations détachées, & assés futiles à la vérité, que je me suis amusé hier au soir, soit à trier de mon Journal soit à recueillir de mémoire.

Je n'ai point été fouillé du tout en entrant à Milan; j'avois fait plomber ma malle & pris un bulletin à Pavie; & moyennant celà j'ai été quitte de la visite.

On

(*) Sur *la Tension des fils* &c.; l'ouvrage de Mr. *Granella* a paru peu de tems après.

On peut évaluer très approchamment 3 livres de Milan à 2 livres de France, ou 6 gros & demi de notre monnoie.

Le *moggio* de *bled* pesant 233 liv. de France, coûte à présent 45 liv. de Milan. Il n'en coûtoit pas 25, il y a 10 ans (*). De là vient que la miche de pain, à un sol de Milan, ne pese plus que 3 onces au lieu de 5 ou 6.

La livre de bœuf (livre de 28 onces) coûte 14 sous; celle de veau 16 sous; celle de mouton 10 sous.

Le *boccal*, ou la chopine, de lait coûte 2 sous.

La livre de beurre, 24 à 28 sous; celle de chandelle 26 sous.

La livre (de 12 onces) de bougie, 45 sous.

Le Quintal de foin, qui ne coûtoit que 4 liv. il y a 10 ans, en coûte aujourd'hui autour de 7.

Un repas ordinaire à l'auberge coûte 3 à 4 Liv.; chés le traiteur de l'hôtel de Lyon, seulement 40 Sous. — Une assés bonne chambre à l'auberge, si ce n'est pas la derniere semaine du Carnaval, 1 Liv. 10 S. par jour. — Un lit qu'on loue par Mois, 18 Liv. — Un valet de place 3 à 4 Liv. Celui que j'avois pris étoit si sot que je n'ai pu le garder.

(*) *Voyage* de Mr. de LL. T. I. p. 395.

On payoit à l'opéra de Pavie 4 Liv. à caufe du nouveau bâtiment; mais 20 ou 30 fous de moins à Milan. Ici l'entrée au dernier bal du Théatre coûtoit 45 fous. — Une taffe de Chocolat coûte 15 fous; une de Caffé 7 $\frac{1}{2}$.

Les noms de rues ne font pas marquées à Milan aux carrefours, & on ne Vous indique les demeures gueres autrement que par les églifes voifines. Pour me guider, je me fuis aidé le plus fouvent d'un plan de la ville, affés vilain pour l'exécution, mais utile par fa grandeur & par près de 300 renvois; il ne coûte que 20 fous.

La ville n'eft pas éclairée; beaucoup de lampes qui brûlent devant les images facrées y fuppléent un peu; on eft obligé d'ailleurs, par ordre de la police, de ne pas aller fans lanterne après une heure de nuit. Je garderai comme une relique ma petite lanterne de papier milanoife de 6 S.

On remarque aux entrées des palais, & aux paliers des grands efcaliers 3 trous à côté l'un de l'autre, percés dans une pierre; ils fervent à y éteindre les flambeaux; invention fort différente de celle qui eft en ufage à Berlin.

Une coûtume qui frappe par fa fingularité ou plûtôt parce qu'elle eft contraire aux ufages d'autres pays, c'eft que dans le Milanois les femmes portent de très grands manchons, la plûpart de loup-cervier, tandis que les hommes ne portent que de fort petits manchons.

J'ai trouvé fur les tables de Milan une quantité de chofes qui étoient ou nouvelles pour moi ou qui m'ont frappé comme étant plus particulieres auffi à l'Allemagne qu'à d'autres pays. En voici des exemples.

En fait de foupes: du ris au faffran & des pâtes de Cagliari en Sardaigne. En fait de légumes: on mange beaucoup de choux aigres à Milan & c'étoit même un plat de fondation chés S. E. le Comte de *Firmian;* j'y en ai mangé une fois avec des anchois au lieu de porc falé. J'y ai trouvé regulierement auffi des Cardes d'Efpagne fi rares chés nous.

Le foie & la cervelle, en friture, plat très commun dans l'état de Genes, l'eft encore plus à Milan, où c'eft même également un plat ordinaire fur la meilleure table à laquelle je me fois trouvé. De la venaifon avec une fauce douce m'a rappellé les fauces de nos contrées.

Je n'ai pas trouvé les jours maigres des plats fort particuliers outre ceux dont j'ai déjà fait mention de Pavie; je citerai feulement des petits brochets marinés; du Thon mariné, avec une fauce aux raifins; de la Merluche en bignets, & des boulettes de pâte frites dans du beurre, qu'on nomme bignets de carême ou *turtei;*

c'eſt une eſpece de *Klößen*, qu'on fait auſſi dans ma patrie & qu'on ne connoit pas à Berlin.

On trouve aſſés régulierement au deſſert, du *Maſcarpon*, fromage blanc de crême, & du *latte mele* qui eſt de la crême fouettée; celle-ci ſe mange avec des *canons*, eſpece de gauffres ou d'oublies.

Les gâteaux de Milan ſont réellement communs à Milan; on ſert auſſi beaucoup de pâtes feuilletées & de biſcuits à l'anis. La raiſinée de courge & le poivre d'eſpagne au vinaigre ſe mangent avec le rôti. Des Olives de Vérone ſont les meilleures Olives que j'aye encore vues.

Le vin généralement parlant, eſt mauvais à Milan; on peut ſe faire donner à l'auberge du vin de Montferrat doux; il eſt plus beuvable que la piquette ordinaire. La choſe eſt différente chés les particuliers aiſés, ils donnent le plus ſouvent de bon vin. Le vin d'abſynthe, en uſage, à ce qu'on dit, dans les pays Autrichiens allemands, l'eſt auſſi un peu à Milan; ſurtout on en ſervoit régulierement un verre après la ſoupe chés le Miniſtre, où je me rappelle d'avoir goûté auſſi d'un bon Malaga doux & rougeâtre qui ne m'étoit pas connu. Le vin de Syracuſe délicieux que j'ai bu à Genes & à Milan me feroit regretter que ce vin ſoit ſi rare en Allemagne, ſi c'étoit une boiſſon dont je puſſe uſer ſans danger. Je me ſouviens dans ce moment auſſi d'un bon vin d'Alicante qui ſe beuvoit chés M. M. à Genes, comme vin de table & qui étoit moins foncé, moins fort, moins épais & ſentant moins la médecine, que le vin d'Alicante que nous connoiſſons en Suiſſe & en Allemagne.

Savés Vous, Monſieur, ce que c'eſt que du *Sapajon?* c'eſt du Malaga chauffé avec des jaunes d'œufs; je n'ai fait qu'en goûter; ainſi ne me ſoupçonnés pas d'être allé en bonne fortune.

M. *de la Lande* accuſe les Milanois du peuple de manger beaucoup, & il dit que c'eſt pour cela & parcequ'ils ſont bonaces, qu'on les nomme *buoni buzzeconi;* il explique ce mot par *buzzecca,* ce qui ſignifie ici tripes ou entrailles; mais ſi cette dérivation eſt juſte, comme il le paroît, elle ne vient pas cependant, je crois, de ce que ces gens rempliſſent beaucoup leurs propres entrailles, comme M. de LL. le fait entendre (T. I. p. 378.), mais de ce qu'ils mangent beaucoup de tripes. On m'a aſſuré que c'eſt la premiere choſe qu'on offre le matin dans les auberges aux gens du commun & qu'ils les mangent en grande quantité; ils en font moins uſage aux autres repas; pour moi je ne me rappelle pas d'avoir vu ce mets ſur aucune table excepté en pâté chés le Miniſtre.

Je n'ai sçu pendant quelque tems que faire de certains boudins de la grandeur de nos *Bratwürste*, les uns jaunes, d'autres tout blancs, que je voyois pendus en abondance dans beaucoup de boutiques; enfin j'ai demandé & on m'a dit que c'étoient des boudins de graisse qu'on faisoit fondre dans les soupes; & que les jaunes sont de la même espece que les blancs, mais teints avec du safran.

On ne voit pas dans les rues de Milan, de ces tourtes, ou *Farinate*, de feves, de pois, de châtaignes, de maïs, comme à Genes, ni de *Paniza* qui est aussi une espece de gâteau fait de maïs, mais les boulangers font des pains en quantité de ce blé de turquie; on les distingue dans les boutiques à leur couleur jaune; l'odeur en est agréable, mais c'est un manger fort pesant. Ce qu'on trouve à chaque pas au contraire dans les rues mêmes, ce sont des châtaignes, soit cuites soit grillées; il s'en fait une consommation étonnante.

ADDITION XIV.
Histoire & description de l'Observatoire Royal à Milan (*).

L'Astronomie pratique étoit cultivée au Collège de Bréra plusieurs années avant qu'on y construisît le bel Observatoire qui en fait aujourd'hui l'un des principaux ornemens. Dès l'année 1760 deux Lecteurs en philosophie, les

(*) J'ai fait usage pour la partie historique de cet article, d'une *notice sur la naissance de l'Astronomie pratique & l'établissement d'un Observatoire dans le College de Bréra*, qui précede un mémoire sur la longitude de ce College, dans les Ephémérides de Milan, année 1776. Pour ce qui regarde le bâtiment & les instrumens, j'ai suivi en grande partie les remarques que j'avois portées sur mon Journal; mais j'ai consulté aussi divers morceaux relatifs aux instrumens & aux augmentations faites à l'observatoire postérieurement à mon voyage; morceaux répandus dans les Ephémérides de Milan & dans les nôtres de Berlin; & que j'aurai soin de citer à leur place. Enfin je n'ai surtout pas négligé non plus un écrit sur l'observatoire de Milan qui se trouve dans le Journ. des Sçav. 1776. Oct. Ed. de H. à la suite d'une annonce des Ephémérides de Milan, de la même année.

PP. *Pascal Bovio* & *Dominique Gerra,* nés avec le goût de l'observation, entrerent de concert dans cette carriere. Sans autre vûe que celle de se rendre toûjours plus utiles dans le poste qu'ils occupoient, ils jetterent les fondemens d'un édifice consacré à la plus sublime des sciences humaines, & où leur mémoire mérite bien d'être conservée. Leur intention étoit de s'assûrer par leurs propres yeux de ce qui s'enseigne communément sur le systême céleste, sur l'ordre qui regne dans les mouvemens vrais ou apparens des divers corps qui le composent, sur les variations régulieres que le tems y fait appercevoir &c. Articles dont ils n'avoient donné des leçons jusqu'alors qu'en les empruntant des Astronomes célebres dont ils lisoient assidûment les écrits.

Ils choisirent pour l'exécution de ce projet un appartement situé dans la partie la plus élevée du College, loin de tout bruit & où ils n'avoient point d'importuns à craindre. C'est en cet endroit solitaire qu'avec leur *Bayer* à la main, ils alloient s'enfermer aussi souvent que quelque belle nuit les y invitoit, & s'y occupoient à passer en revûe les constellations, les planetes, en un mot tout ce qu'un ciel serein offroit de remarquable à leurs yeux. Plusieurs mois de pareilles séances leur avoient déjà rendu tous ces objets familiers, lorsqu'heureusement pour eux & en même tems pour la gloire du College, il vint à paroître une Comete. Nos *Lecteurs* sçurent la distinguer à une certaine lueur pâle qui l'environnoit; ils déterminerent la région du ciel où chacun pouvoit la voir & ils publierent la premiere nouvelle de son apparition.

Le fruit le plus précieux de cette découverte ne fut pas le plaisir qu'on s'imagine bien qu'elle fit à des hommes trop épris de leur nouveau genre d'étude pour n'être pas flattés d'un pareil succès: ce qui la rendit surtout intéressante, ce furent les réflexions qu'elle fit naître sur la nécessité d'en venir à la pratique en matiere d'Astronomie. Les deux Lecteurs reconnurent que pour parvenir à des connoissances aussi précises & aussi sublimes que celles qu'on avoit acquises particulierement sur la fameuse comete de l'année précédente 1759, il leur faudroit nécessairement opérer d'après les grands maîtres; c'est à dire, fixer d'abord dans le ciel, par des observations les plus exactes qu'il se pourroit, la route que l'astre inconnu auroit paru y tenir; ensuite lier étroitement cette route avec tout ce que nous avons de plus familier & de moins sujet à variation dans notre systême. Le premier de ces articles, celui de fixer exactement, la route de la Comete dans le ciel, demandant bien des opérations qui ne pouvoient se faire sans inſtrumens, l'occaſion en fit ſentir le beſoin & en même tems celui d'un endroit où l'on put en faire uſage commodément; car l'appartement où l'on s'étoit occupé jusqu'alors, pouvoit à la vérité tenir lieu d'un petit obſervatoire, & on y avoit la vûe ſur toute la partie méridionale du ciel parfaitement libre, mais elle étoit tellement bornée du côté du Nord, qu'on ne voyoit pas même l'étoile polaire, ni les conſtellations qui avoiſinent le pôle.

Le Recteur du College, le R. P. *Fédéric Pallavicini*, homme paſſionné pour tout genre de ſciences & ſçavant lui-même, voyant avec un plaiſir indicible les progrès que les Lecteurs faiſoient de jour en jour dans une partie pour laquelle il s'étoit toûjours ſenti de l'inclination, les encourageoit, & il le faiſoit autrement que par de ſimples exhortations: il leur fourniſſoit de tems en tems des ſecours, avec une générosité digne de ſervir de modele en pareille occaſion, & ils ſe virent bientôt en état de ſe procurer des inſtrumens. Quelques lunettes ſimples de divers foyers & une aſſés bonne horloge à pendule, fûrent les premiers dont ils firent l'acquiſition. Mais il leur manquoit un quart-de-cercle ou quelqu'autre machine ſemblable, propre à mesurer des angles, & cet instrument, dont ils connoissoient tout le prix, ils le vouloient d'un grand rayon afin d'opérer avec plus de justesse; les moyens leur manquant pour faire venir d'ailleurs un instrument de cette espece construit par quelqu'artiste de réputation, ils prirent le parti d'en faire travailler un à Milan sous leurs yeux.

Ils n'avoient pas encore eu occasion de se bien convaincre que la profession qui nous fournit les bons artistes en fait d'instrumens astronomiques, doit être longtems exercée, avant qu'on soit en état de contenter la délicatesse de ceux qui s'en servent. Ils crûrent qu'un ouvrier habile à manier le fer & le cuivre dans des ouvrages communs, pourroit bien aussi, assisté par des personnes intelligentes, employer avec succès les mêmes matieres dans des ouvrages plus rélévés. On confia donc à un serrurier d'une habileté reconnue la construction de l'instrument projetté. Rien ne fut oublié du côté de la direction, pour l'avoir parfait dans son genre. L'ouvrier, qui regardoit le succès comme un coup de partie pour lui, y mit tout ce qu'il avoit de connoissances & d'industrie. Que ne devoit-on pas se promettre de tant de bonne volonté jointe à un travail de plusieurs mois? & pourtant tout celà ne produisit qu'un instrument qui, en faisant voir qu'on avoit compris à quel point de perfection il devoit être porté, ne montroit pas de même qu'on eût sçu ou pu la lui donner.

C'étoit un sextant d'environ six pieds de rayon, tournant sur un pied de bois fort haut, autour duquel il ne pouvoit achever une révolution. Il avoit une lunette mobile sur une alidade, & un fil à plomb suspendu ailleurs qu'au centre. On avoit voulu, à ce qu'il paroit, le faire servir tantôt de mural, tantôt de quart de cercle mobile. Le plan étoit bon, mais l'éxécution trop imparfaite, surtout quant à la division du limbe. Aussi ne voyons nous pas que les deux Lecteurs ayent fait usage de cet instrument pour l'observation des astres, mais quelque soit le motif qui les en empêcha, on ne doit pas moins leur sçavoir gré du courage qu'ils montrerent dans cette entreprise, de la sagacité avec laquelle ils la dirigerent, & surtout de ce goût pour les opérations astronomiques que leur exemple inspira à tout le college & qui ne s'est plus ralenti depuis (*).

(*) On lit dans le *Journal des Sçav.* 1776. Oct. p. 348. & suiv. que c'est le P. Gerra, Professeur de Philosophie & connu aussi par une machine de son invention pour curer les ports, qui a eu le plus de part à ces premieres tentatives, qu'il s'est donné beaucoup de peine aussi pour faire construire un tuyau de lunette de 60 pieds, qui

Il n'y avoit pas longtems que l'instrument dont je viens de parler étoit achevé, lorsque le Recteur, qui avoit l'œil à tout ce qui se passoit, ménagea un renfort essentiel à ses Lecteurs pour la partie de l'Astronomie où ils en avoient le plus de besoin, c'est à dire pour cette pratique journaliere & assidue qui forme les bons observateurs. Vers la fin de 1762. il appella à son college le P. *de la Grange* du même ordre, connu déjà fort avantageusement par ses travaux à l'observatoire de Marseille, & surtout très versé dans le maniment des instrumens. Il accepta l'invitation avec plaisir. Il arriva & bientôt on résolut d'un commun accord que le soin de tout ce qu'on avoit acquis jusqu'alors en fait de meubles astronomiques lui seroit confié, qu'il en tireroit, conjointément avec les deux Lecteurs, tout le parti qu'il seroit possible d'en tirer pour les observations qui se présenteroient à faire; qu'enfin pour le local destiné à cet effet, on se contenteroit de celui dont il a été parlé ci-dessus, en attendant qu'un plus grand projet déjà formé, fût arrivé à son point de maturité.

Il étoit encore fort essentiel, comme on voit, pour des astronomes avides de cultiver la

---

fût inflexible & pour avoir des desseins & des plans d'observatoires, enfin pour parvenir à faire décider la construction d'un petit observatoire.

pratique dans un certain degré de perfection que ce projet fe réalifât & heureufement des circonftances favorables féconderent bientôt les vœux & les efforts de nos Aftronomes.

(*) Le célebre Pere *Bofcovich* revenoit de fon voyage de Conftantinople, de Pologne, en un mot de faire le tour de presque toute l'Europe, & il étoit de retour à Rome vers la fin de Novembre 1763, lorfqu'il fut demandé par le Sénat de Milan pour être Profeffeur de Mathématique dans l'Univerfité de Pavie, où il fe rendit au Printems de l'année fuivante, après avoir fait avec le Cardinal *Bonacorfi* la vifite des Marais Pontins, fur lefquels il préfenta au Pape un mémoire détaillé. Cet illuftre Mathématicien ne fut pas plûtôt arrivé dans la Lombardie qu'ayant été paffer l'Eté à Milan, il fut confulté par le P. *Pallavicini* fur l'obfervatoire projetté. Il fit avec lui la vifite de tout le college de Bréra, & il fit le choix de l'emplacement actuel, comme le plus convenable, à une diftance fuffifante des rues où il peut paffer des caroffes; avec toute la folidité néceffaire il fit les plans de la diftribution & le deffin des voûtes qu'il falloit bander fur des corridors pour que tout fut folide & qu'il n'y eut point de por-

---

(*) Ici je commence à fuivre principalement l'article cité du Journal des Sçavans. *Suum cuique.*

tes à faux; enfin il y ajoûta la place où tous les grands inſtrumens devoient être placés. D'après ce deſſin il fit exécuter un modele en relief (*): Mgr. le Duc *de Modene*, Gouverneur du Milanois & M. le Comte de *Firmian* le virent & l'approuverent avec éloge; on mit la main à l'œuvre & le P. *Boſcovich* ne ceſſoit d'aller de Milan à Pavie & de Pavie à Milan, tandis qu'on travailloit à l'exécution.

Mais comme cette conſtruction devoit ſe faire toute entiere aux frais du college de Bréra, il étoit difficile que cette entrepriſe n'éprouvât pas des difficultés & des contradictions dans une maiſon réligieuſe. Le P. *Boſcovich* contribua à les faire lever par des raiſons victorieuſes, par ſon crédit, par les lettres qu'il écrivoit à Rome, & ſurtout par les fonds qu'il fournit lui même ſur ſes appointemens, exemple qui fut imité par d'autres Jéſuites. Il donna lui ſeul plus de mille écus pour la premiere conſtruction, & plus de 4000 livres pour terminer différentes parties, pour placer les grands inſtrumens, & pour en faire toutes les eſpeces de vérifications, qui ſont diſpendieuſes, mais néceſſaires.

(*) Ce joli modele ſe conſerve à l'obſervatoire & je l'ai vu.

Il employa pour ces vérifications des méthodes ingénieuses de son invention qui ont fait la matiere de divers mémoires envoyés à l'Académie des Sciences de Paris & destinés à être imprimés dans les Mémoires présentés à cette compagnie par les sçavans étrangers: l'un sur la position des axes du sextant & la manière de la corriger pour pouvoir caler l'instrument; un second sur la détermination des axes de la lunette méridienne; un troisieme sur la détermination du premier & du dernier point d'un mural &c. (*)

Dans

(*) Ces mémoires n'ont paru encore dans aucun volume des mémoires des Savans étrangers; il paroit par un passage qu'on lira plus bas que Mr. l'A. Boscovich les a réservés pour un ouvrage séparé concernant ses travaux pour l'observatoire de Milan, & qui seroit extremement utile; mais croiroit-on que M. l'A. Boscovich, duquel on a tant d'excellentes productions imprimées en Italie, ne trouve à Paris aucun libraire pour ses manuscrits? c'est cependant ce que je viens d'apprendre par une lettre de Paris. Les curieux qui s'amusent à *béer aux astres* comme *aux corneilles* ne sont pas rares aujourd'hui, mais le goût de la bonne astronomie paroît l'être encore. — Je n'ai pas donné dans mes *Zusätze* la liste des ouvrages imprimés du P. *Boscovich*, parce que les notices qui pouvoient me la fournir me manquoient; cette liste ne seroit pas déplacée ici, & la même raison m'empêche de l'insérer. Je puis du moins indiquer comment on peut se la procurer. La liste des ouvrages que ce savant a publiés jusque vers 1762. doit se trouver dans la 2de Edition de son beau Poëme *de Solis & Lunæ defectibus*. Venise 1762. & dans sa *Theoria Philosophiæ naturalis*. Les ouvrages

Dans le tems que ce grand Astronome étoit occupé de ces différens objets, la Cour de Vienne avoit transporté la surintendance des études des mains du Sénat en celles du Ministre. Ce Seigneur, qui avoit toûjours fortement encouragé le P. *Pallavicini*, & qui n'a cessé d'honorer l'observatoire de sa protection, & de ses bienfaits les Astronomes qui y travailloient, fit usage aussitôt de sa nouvelle autorité pour appeller à Milan le P. *Boscovich*, & l'on érigea pour lui une chaire d'Astronomie & d'Optique dans les Ecoles Palatines de Milan. On lui recommanda spécialement l'observatoire, achevé dès 1765, & on le chargea de montrer à ses éleves l'usage des instrumens. Il commença à s'y établir en 1770; mais le P. *Pallavicini* n'étoit plus Recteur du College, & le P. B. se plaint de n'avoir plus été également sécondé dans ses projets & dans ses vues. Cependant il sollicita & il obtint un Coadjuteur qui pût s'occuper de l'Astronomie sous sa direction. On le fit venir de Rôme (*) & malgré diverses con-

postérieurs sont indiqués dans le IV. Tome de la *Table de M. l'Abbé Rozier*, à l'article *Boscovich*, où l'on trouve aussi un précis de la vie de ce célèbre Géometre.

(*) J'ignore qui étoit ce Coadjuteur & ce qu'il est devenu. On n'aura pas de peine au reste à démêler les motifs de la brouillerie de deux habiles astronomes, du même ordre réligieux, faits pour s'aimer & pour se féconder, & qui

traditions le P. *Boscovich* continua pendant deux ans à s'occuper des mêmes objets, faisant lui-même la dépense quand cela étoit nécessaire.

La Cour de Vienne l'ayant chargé de rendre compte de l'état de l'observatoire & de tout ce qui pouvoit être utile pour le compléter, il envoya un mémoire détaillé sur ce sujet, où il fit voir tout ce qui restoit à faire pour la perfection de l'Astronomie du côté des observations. Son plan fut approuvé & l'on donna des ordres en conséquence. Cela n'empêcha pas que les Jésuites, qui avoient dépensé plus de soixante mille livres pour cet observatoire, ne crussent pouvoir en disposer, en donnant la direction à un autre Astronome (*).

Le P. *Boscovich* crut alors pouvoir se retirer & il obtint son congé de la Cour (**).

s'ils avoient agi de concert, auroient avancé de 10 ans la splendeur à laquelle l'observatoire de Milan est parvenu. Ces motifs tiennent tellement à la nature humaine, qu'on ne peut s'y méprendre.

(*) C'est à dire qu'on rétablit le P. *de la Grange* dans les droits qu'il avoit en quelque façon à cette direction, puisqu'il avoit été chargé de celle de l'ancien observatoire.

(**) „Il étoit déjà à Vénise (dit le Journal des Sçav. en „continuant) d'où il comptoit partir pour Raguse sa pa-„trie, lorsque la suppression de son ordre en Italie, lui „ayant donné une liberté plus étendue il se rendit aux „instances de ses amis, qui lui conseilloient de se fixer „à Paris où ses talens seroient plus secondés & plus uti-

Mr. l'Abbé *de la Grange*, Directeur maintenant du nouvel Obſervatoire, comme il l'avoit été de celui qu'on peut nommer l'ancien, reprit une nouvelle activité & parut prendre à tâche de ne pas faire regretter ſon illuſtre prédéceſſeurs. Si ſon âge & une ſanté déchue, ne lui permirent plus de faire un grand nombre d'ob-

„les. Il s'y rendit en effet & la Cour crut devoir l'y „fixer par une penſion" — (attachée au titre de *Directeur d'Optique de la Marine*) — „qui put, ſuivant les „termes de ſon brévet, le mettre en état de ſe livrer ſans „diſtraction à ſon zèle pour le progrès des ſciences ma„thématiques. Mr. *Boſcovich* a regardé comme un de „ſes premiers devoirs de s'occuper de la perfection des „lunettes achromatiques & des inſtrumens d'Aſtronomie, „à raiſon de l'utilité que la Marine peut en tirer. Il ſe „propoſe de publier auſſi ſes recherches & ſes mémoires „par rapport à l'examen, la vérification & la correction „des inſtrumens, avec le détail des précautions qu'il „avoit employées pour donner à l'Obſervatoire de Milan „toutes les qualités néceſſaires."

Il eſt fort à regretter que Mr. l'Abbé *Boſcovich*, n'ait pas publié encore ces mémoires ſur l'Obſervatoire de Milan, ils ſeroient aſſûrement très inſtructifs pour tous ceux qui ſe vouent à l'Aſtronomie pratique. En attendant, cet illuſtre Aſtronome & Géometre a enrichi depuis peu cette ſcience, ou ſi l'on veut cet art, de l'invention d'un nouveau micrometre; invention curieuſe, réclamée auſſi par Mr. *Maskelyne* & par Mr. l'Abbé *Rochon* & ſur laquelle on peut conſulter le Vol. LXVII. Part. II. des Transactions philoſophiques & nos Ephémérides de Berlin pour 1780. 2 part. p. 184.

servations (*), il en dédommagea l'Aſtronomie par les éléves qu'il forma, par les mémoires intéreſſans qu'il compoſa pour les Ephémérides, par les accroiſſemens qu'il donna à l'Obſervatoire, ſoit en inſtrumens, ſoit au bâtiment même. C'eſt ici le lieu de décrire tant l'état où j'ai trouvé l'Obſervatoire que les augmentations qu'il a reçues depuis mon voyage.

Pour ſe faire une idée de la grande ſalle de l'Obſervatoire, telle qu'elle étoit lorsque je l'ai vue, il faut ſe figurer un théatre à peu près ſemicirculaire dont le diametre eſt un peu renflé en dehors & avec un *proſcenium* vers le nord. Au milieu du théatre s'éleve un pilier auquel étoient fixées deux pendules; l'une vers le midi, l'autre vers le nord. Au fond du théatre, dans la courbure circulaire, deux lunettes immobiles étoient dirigées vers le midi, l'une ſur la Lyre l'autre ſur Syrius, pour connoître toûjours la marche des pendules. Entre ces deux lunettes

(*) On voit dans les Ephémérides de Vienne (1765. 1767. 1768. 1771.) que le P. *la Grange*, n'avoit pas été oiſif ni avant ni dans les premieres années après la conſtruction du nouvel Obſervatoire. On y trouve beaucoup d'éclipſes de ſatellites & autres corps céleſtes qu'il a obſervées dans les années 1763 — 1769. Outre cela il a ſuivi conſtamment les obſervations météorologiques, depuis 1762 — 1776: & cette belle ſuite de 15 ans, pour chaque jour, vient d'être inſérée dans les Ephémérides de Milan, année 1779.

se trouvoient deux armoires dans l'un desquels on confervoit un Téléfcope grégorien de *Short* de 24 pouces de foyer avec un bon micrometre objectif achromatique de *Dollond;* dans l'autre un Téléfcope femblable, à réflexion, de la même longueur, mais fait par *Dollond* & garni d'un micrometre à réticule. Outre ces deux beaux inftrumens catoptriques, on avoit auffi plufieurs lunettes dioptriques, ordinaires de 6, 8, 10, 18 & 40 pieds de foyer, & furtout on attendoit encore deux lunettes achromatiques de *Dollond* de 8 & de 10 pieds de foyer, garnies chacune d'un micrometre à réticule. Ces lunettes font arrivées peu après; de même que deux globes d'un pied de rayon, commandés à Upfal chés le célebre *Ackermann*.

Aux deux côtés du *profcenium* s'élevent jufqu'au deffus de la falle deux tourelles fort joliment conftruites, avec des coupoles tournantes; une gallerie élégante joint ces deux tourelles & forme un balcon qui domine le théatre. Dans la tourelle du côté de l'Eft étoit une lunette méridienne de 3 pieds de foyer, dont les axes repofoient fur deux piliers & fufceptible d'un mouvement affés grand, en azimuth, qui fe faifoit dans une couliffe de fer. De plus: une machine parallatique, montée en bois de Mahagony, mais dont non feulement les cercles &

les pieces qui fervent à lier celles de bois, font faites de cuivre jaune, & l'axe même eſt un tube creux de laiton; parce que Mr. l'Abbé *de la Grange* a remarqué que les axes de bois étoient fujets à beaucoup de variations par la différence de la température; il a donné un mémoire très curieux fur ce fujet dans le 1 vol. des Ephémérides de Milan (*). Cet inſtrument en général a été rendu fort commode par le Sr. *Meghele*, Mécanicien de l'Obfervatoire, & il mériteroit une defcription particuliere. Il répofe fur un pilier; il eſt muni au lieu de fil à plomb, comme le nôtre, d'un niveau à bulle d'air, dans l'interfection des trois branches du pied; les trois vis du pied portent fur des couffinets de cuivre; le cercle qui marque l'afcenfion droite eſt doublé d'une crémaillere pour modifier les mouvemens; à l'extrémité de la lunette eſt un petit pied qui porte un bout de bougie & qui eſt fufpendu à la façon des bouffoles. La plaque elliptique pour éclairer les fils, eſt un peu concave & ce qu'elle a de plus particulier

---

(*) *Expériences faites à l'Obfervatoire de Brèra, pour connoître fi une Lunette aftronomique, montée fur un pied de bois ou de métal, demeure conſtamment dirigée au même point d'un objet auquel elle l'a été une fois, ou bien s'il arrive avec le tems quelque changement plus ou moins fenfible dans fa pofition.* EPH: DE MILAN. A. 1775. p. 157-194.

encore c'est qu'on peut lui donner d'une maniere très commode les positions plus ou moins obliques, suivant qu'on a besoin de plus ou de moins de clarté, au moyen d'un ressort à tambour, monté sur la lunette & qu'on gouverne aisément avec un cordon double qui tient à la plaque & dont l'un des bouts passe sur une poulie (*).

Dans la tourelle de l'Ouest, se trouvoit un beau sextant de 6 pieds, à double lunette, fait par *Canivet* à Paris, & dans chaque tourelle étoit un compteur.

Lorsque j'étois à Milan on se proposoit d'élever encore deux autres tourelles qui devoient faire un quarré avec celles dont je viens de parler; dans l'une devoit être placée un autre instrument des passages plus considérable & au-

---

(*) J'ai reçu depuis mon voyage une description détaillée de cet ajustement ingénieux, & je l'avois traduite en Allemand pour nos Ephémérides; mais les figures qui auroient rempli toute une planche, n'étant pas assés nettes, feu Mr. *Lambert*, qui dirigeoit alors ces Ephémérides, ne put se résoudre à y faire insérer ce morceau. La même raison m'empêche d'en faire usage ici, jointe à ce que la description rempliroit 10 ou 12 de ces pages, & que j'ai renvoyé à Milan l'original françois; j'invite les Astronomes de Milan à décrire eux-mêmes cette jolie invention dans l'appendice de leurs Ephémérides; je n'ai pu en donner en peu de lignes & sans figures, qu'une idée très imparfaite.

quel j'ai vu travailler dans l'attelier de Mr. *Meghele*; la lunette est de 6 pieds & son objectif est achromatique & fait par *Dollond*; les axes ne sont pas cylindriques comme à l'ordinaire mais coniques & ils doivent être supportés par un contre poids.

On se proposoit de mettre dans l'autre tourelle à bâtir, les instrumens que j'ai dit placés dans l'ancienne tourelle à l'Est, & de remplacer ceux-ci par un Secteur équatorial à la façon *Graham*, commandé chés *Sisson* à Londres, & pour lequel on avoit payé d'avance le prix de 180 Livres Sterling. Cet instrument arrivé dès 1777, décrit en détail par Mr. l'Abbé *Reggio* & représenté par une belle figure, dans les Éphémérides de Milan pour 1778, a cinq pieds de rayon & porte une lunette achromatique; l'arc est de 20 dégrés, les cercles de déclinaison & d'ascension droite ont un pied de rayon &c. Le Secteur du Roi d'Angleterre à Kew, dont j'ai parlé dans mes *Lettres astronomiques* à la p. 117, a donné aux astronomes de Milan, l'idée de faire venir un instrument semblable; il leur a coûté, comme on voit, 30 Livres St. au delà du prix que j'ai indiqué dans le même ouvrage à la p. 130; c'est peut-être à cause de quelques changemens avantageux que l'artiste y a faits & qui lui ont été indiqués par Mr. *Mas-*

kelyne qu'on avoit prié de veiller à la conſtruction de ce précieux meuble.

Je ne ſaurois dire poſitivement ſi les inſtrumens dont je viens de parler ont été placés de la maniere projettée; mais ce qu'il a de ſûr c'eſt que la conſtruction des deux autres petites tours a été exécutée dès 1776 (*), voici ce que m'écrivit à ce ſujet M. l'A. *de Céſaris* dans une lettre du 1. Mai 1777.

„Vous aurés déjà vu par le croquis, qui „eſt à la tête de nos Ephémérides, qu'on a „ajoûté deux tours à l'obſervatoire. L'extérieur „de la ſalle, qui du côté du midi repréſentoit une „portion d'octogone, a été changée en portion „de quarré, au moyen de deux piliers qui ont „été élévés pour ſoûtenir les deux tours. La „Salle loin d'avoir perdu de ſa beauté a pris une „nouvelle grace par la gallerie qui donne la „communication aux quatre tours. Au reſte „ces nouvelles tours n'ont preſque rien ôté de

---

(*) A la tête des Ephémérides de Milan pour la même année ſe trouve déjà un deſſin gravé, de l'obſervatoire avec ſes quatre tours. Une autre vue du College de Brera & de ſon obſervatoire, priſe du côté du Jardin, ſe trouve à la tête des Ephémérides de 1777 & de 1778. On remarquera ſur ces plans une Gallerie à baluſtrade de fer qui regne en dehors de la grande ſalle; & la baluſtrade qui entoure la Terraſſe.

„ la vue du ciel aux anciennes; car en premier
„ lieu, la façade de l'obfervatoire déclinant du
„ Sud à l'Eft d'environ 12°. le Méridien en eft
„ parfaitement vifible de côté & d'autre dans
„ toutes les quatre tours; en fecond lieu, la po-
„ fition horizontale des lunettes attachées aux
„ inftrumens des anciennes tours étant presqu'au
„ niveau du fommet des nouvelles, celles-ci
„ n'empêchent la vue que d'environ trois degrés
„ à l'horizon, au fecteur équatorial, & d'environ
„ fix degrés au fextant, dans la même direction
„ de la coupole du Dôme, qui d'ailleurs l'em-
„ pêchoit avant cette nouvelle conftruction —
„ ainfi le public fi vous lui faites part de ces re-
„ marques (*) doit être désabufé fur ce qu'on
„ lit à ce fujet dans le Journal des Sçavans du
„ mois d'Octobre 1776, & on rendra juftice à
„ M. l'Abbé *de la Grange*, qui ne s'eft déterminé
„ à ce changement dans l'obfervatoire, que d'a-
„ près les plus mûres réflexions, & de l'avis de
„ fes collegues & du plus fage architecte que
„ l'on connoiffe ici."

Je crois pouvoir revenir à propos ici à l'article du Journal des Savans, dont j'ai déjà fait ufage plus haut. Je ne m'arrêterai pas à l'ob-

---

(*) Je les ai inférées effectivement déjà dans nos Ephémérides de Berlin pour 1780. (2. part. à la p. 182.) imprimées en 1777.

jection qui vient d'être réfutée & qui ne consiste qu'en deux courts passages dont voici le 1er: *que les deux tours, sur la figure de l'observatoire, qui sont du côté du midi, ont été faites depuis son départ (de Mr. BOSCOVICH) & contre son avis, parce qu'elles ôtent une partie de la vue à celles qui sont du côté du Nord.* Mais ce qui vient ensuite me paroît si propre à compléter ma description de cet observatoire & à en donner une idée plus distincte, que je ne puis m'empêcher d'en insérer ici la copie; elle me fera pardonner volontiers quelques lignes de répétitions.

„Le premier étage de l'observatoire, (continue le Journal des Sçavans,) qui sert comme de base, contient quatre chambres voûtées: elles sont flanquées de deux autres, dans l'une desquelles on a augmenté l'épaisseur des murs, de maniere qu'une des faces fut exactement dans la Méridien; c'est dans celle-ci qu'on a placé un mural de 6 pieds de rayon, construit à Paris par *Canivet*, & que l'on en mettra un autre du côté du Nord. Au dessus des quatre pieces dont nous avons parlé commençoit une salle octogone d'environ trente-six pieds de diametre; & comme cette figure procuroit quatre triangles au dehors, M. *Boscovich* en avoit choisi deux au Nord-Est & au Nord-Ouest, pour y élever deux tourelles de onze pieds de diametre, traversées chacune par un des murs de l'octogone, pour servir de base inébranlable aux instrumens qu'il avoit à y placer: dans l'une étoit la lunette méridienne & la lunette parallatique; dans l'autre un sextant de six pieds de rayon, construit également à Paris."

„Mais un des instrumens qu'il désiroit le plus d'y placer étoit un quart de cercle azimutal, tournant sur un cercle horizontal de dix pieds de diamétre, qui marqueroit les azimuts des astres, pendant que le quart de cercle en marqueroit les hauteurs. Ce genre d'instrument qui fut autrefois emploié par *Tychobrahé* & *Hévelius*, a été négligé depuis ce tems-là, quoiqu'il soit aujourd'hui très utile pour avoir des observations complettes en grand nombre, & pour trouver la hauteur du pôle, indépendamment des réfractions, de même que pour divers autres ouvrages dont le P. *Boscovich* se propose de donner le détail, ainsi que des vérifications dont cet instrument est susceptible.

Les deux tours dont nous avons parlé sont dans la salle octogone, comme deux especes de jubés ou de tribunes qui sont à la hauteur de la corniche qui termine le premier ordre d'architecture, en sorte qu'elles se communiquent sans embarras; elles s'élevent au-dessus de la plateforme supérieure de la terrasse, d'où elles donnent la vuë de tout le Ciel, par le moïen de la fenêtre qui est dans un toît circulaire mobile. Dans un des deux autres triangles il y a un escalier pour monter à l'une des deux tours, qui a une communication intérieure avec l'autre: le quatrième triangle forme un Cabinet, la retraite de l'observateur."

„Le sallon octogone a, dans ses six autres faces, autant de fenêtres, deux desquelles donnoient la sortie à deux terrasses des deux triangles, lesquels communiquoient avec les autres fenêtres par un balcon, & à l'escalier par lequel on montoit à cet étage, & de là sur la platte-forme supérieure. Il y a aussi, dans un des deux triangles dont nous avons parlé, un petit escalier qui conduit immédiatement des chambres inférieures au grand sallon, & se continue encore jusqu'aux tourelles."

„On pouvoit placer dans ce sallon, de même que dans les chambres inférieures, plusieurs autres instrumens. Il avoit une forme très agréable & très commode pour observer au sud-est & au sud-ouest; mais ces deux parties ont été masquées par les *nouvelles tours qui ont ôté beaucoup de la commodité des observations & de la vüe de la platte-forme, où l'on se trouve masqué par quatre tours assés larges.* Auparavant l'on avoit dans chacune tout le méridien libre, depuis l'horizon du nord jusqu'à celui du midi; on ne perdoit qu'un peu du levant dans l'une, & un peu du couchant dans l'autre; maintenant aucune des quatre n'a le méridien entierement libre."

„On verra dans la description que nous promet le P. *Boscovich*, des idées d'une exécution heureuse dans différens instrumens, pour la maniere de faire tourner les toîts, d'appliquer un contrepoids à la lunette du mural, &c. Il a employé pour celle-ci, une courbe d'équilibre qui a du rapport avec celle des ponts-levis; mais qui est du huitieme degré, tandis que celle-ci n'est que du quatrieme. Un pilastre dans le milieu du sallon, qui servoit à soûtenir la platte-forme, servoit en même tems de support aux pendules; enfin, toutes les parties de cet observatoire sont disposées avec tant d'intelligence & de génie, que l'ouvrage qui en contiendra la description, ne pourra qu'être très utile aux astronomes. Il n'existoit point jusqu'ici d'Observatoire bâti avec tant d'art; parce que les grands architectes ne sont point astronomes, & que les astronomes ne sont point architectes; on peut néanmoins citer encore l'Observatoire qui vient d'être construit au College royal, sur les plans de Mr. *Challegrin*, & qui est très commode."

J'espere que si je n'ai point fait mention précedemment du quart de cercle mural dont il est parlé dans ce qu'on vient de lire, on ne me fera pas le tort de croire que je n'ai pas vu cet instrument, le plus important & le plus coûteux de tout l'Observatoire; je l'ai vu en effet & avec beaucoup de plaisir; j'ai été empressé surtout d'examiner la nouvelle maniere dont la lunette est retenue dans l'équilibre, en ayant déjà eu connoissance auparavant, & pour en conserver le souvenir plus exactement j'ai prié Mr. le Baron *de Cronthal* de m'en envoyer à loisir une Description par écrit, ce qu'il a eu la complaisance de faire, en l'accompagnant d'autres détails & de la figure de tout l'instrument; on trouve déjà ce morceau dans nos Ephémérides de Berlin pour 1778, suivi de quelques remarques de feu Mr. *Lambert* sur l'invention de Mr. l'A. *Boscovich*. La lanterne pour éclairer les fils de la lunette se meut verticalement au moyen d'une ficelle, le long d'un montant de bois, qui tourne sur un pivot, pour modérer ou augmenter la clarté.

Le second mural dont il est fait mention dans le Journal des Sçavans, n'a pas été acquis encore, mais j'ai vu aussi un petit Quart-de-cercle mobile de 18 pouces de rayon.

Dans la même falle où eft le mural fe trouvent deux horloges exécutées par *Meghele*, dont l'une qu'on dit très bonne, a un pendule compofé, de trois verges; & elle eft remarquable encore par d'autres acceffories. Les horloges de la grande falle font également à correction: l'une, de *le Paute*, a un pendule compofé, où l'on me dit que le cuivre compenfe un peu trop à proportion. L'autre a la correction de *Harrifon*. Un des compteurs dot j'ai parlé a le pendule de Jonc des Indes.

J'ai remarqué au Barometre dont on fe fert auprès du mural, que le mercure en montant fait hauffer un petit poids & defcendre un contrepoids; celui-ci communique, avec l'aiguille d'une rofette tracée en dehors de la caiffe, & fur laquelle les variations fe marquent d'une façon très fenfible: cette conftruction de barometre n'eft, je crois, pas fort ordinaire, quoique connue.

Enfin j'ai vu dans le grand corridor une longue méridienne qu'on dit très exacte, elle eft tracée fimplement fur les carreaux qui forment le plancher.

J'ai eu occafion de nommer fouvent le Mécanicien de l'obfervatoire, le Sr. *Jofeph Meghele*; c'eft un Allemand, de la Baviere fi je ne me trompe, ou du moins des environs de cette

pro-

province, M. le B. de *Cronthal* l'a amené de Vienne; il n'avoit encore que 35 ans lorsque je l'ai vu & Mr. l'Abbé *de la Grange* avoit bien raison de le nommer un *excellent artiste*, dans les Ephém. de Milan pour 1775, imprimées en 1774; ce qu'il ajoûte dans une note, mérite d'être généralement connu parmi les Astronomes & les Amateurs qui cherchent à se procurer des Instrumens: "Son habileté (dit M. l'A. "*de la Grange*), que nous avons eu tout le "tems de connoître depuis deux ans qu'il tra-"vaille pour nous, jointe à la bonté des ouvra-"ges qu'il nous a faits, méritoit bien qu'on lui "rendît cette justice. Sur la fin de l'année pro-"chaine 1775, il aura achevé la plûpart des "pieces que nous attendons de lui pour com-"pléter l'ameublement de cet observatoire. On "pourra alors s'adresser à lui pour toutes sortes "d'instrumens d'Astronomie, de Mécanique & "surtout pour les horloges à pendule & autres. "Nous ne doutons point qu'on n'ait lieu d'être "content de ses services autant que nous le som-"mes nous-mêmes, sans compter la satisfaction "qu'on aura d'ailleurs en voyant qu'il ne les fait "pas payer trop cher."

Lorsque j'ai passé par Milan, on songeoit déjà à donner à M. l'Abbé *de Césaris* deux aides pour le travail pénible des Ephémérides, je vois par le volume de celles de 1778, que cet arrangement a eu lieu: que Mrs. *Oriani* & *Allodi* ont pris part aux calculs. Il se trouve même aussi un bon mémoire du premier, *sur les interpolations des lieux de la Lune*, dans l'Appendice au même volume. Ces Appendices, qui contiennent toujours des recueils d'observations & de bons mémoires d'Astronomie pratique, sont presque toûjours entierement l'ouvrage de Mr. l'Abbé *Reggio*, & lui font beaucoup d'honneur; à côté de celà il observe lui-même fréquemment & donne dans l'été, trois fois par semaine, des leçons d'Optique, aux jeunes étudians dans les écoles jointes à l'Observatoire. Mr. le Baron *de Cronthal,* qui explique aux mêmes étudians les Élémens des mathématiques pures, s'occupe souvent des observations. Mr. l'Abbé *de Césaris*, lui-même, malgré le travail dont il est chargé, est un des observateurs les plus assidus de cet admirable établissement astronomique.

LETTRE XII.

de Parme, le 14. Mars 1775.

Monsieur,

J'ai quitté Milan, comme je Vous en ai prévenu dans ma derniere, le 6 de ce mois pour me rendre à Parme. Mr. *Rougier* avoit eu la bonté d'arrêter pour moi un *vetturino* sûr & avoit eu soin même que j'eusse pour compagnon de voyage un homme de mise & connu. Ces voituriers voyagent avec des chaises ouvertes par devant, à deux roues; ils font 4 à 5 miles d'Allemagne par jour & on me dit qu'on ne manque gueres dans les grandes villes de trouver un bon compagnon de voyage, qui sauve de l'ennui d'être seul & partage les fraix. On paye le plus communément ces voituriers, à raison d'un sequin (environ 1 Ducat) par jour. Cette façon de voyager sans prendre la poste est la même à peu près qu'en Provence, & je la trouve commode.

Je partis à 1 h. après-midi & je fus fort furpris, dès que je me trouvai avec mon compagnon de voyage, de l'entendre parler très bien l'allemand quoiqu'il fut Italien; plus agréablement furpris encore en apprenant qu'il avoit paffé un an à Berlin en 1763 & 1764. C'étoit un jeune Comte *Diana Paleologo*, né à Maffa en Tofcane, & dont l'arbre généalogique, qu'à la vérité il n'a pas eu la vanité de me déployer, remonte aux illuftres *Paléologues* grecs. Feue Madame la Margrave de *Bareith*, en paffant par Maffa, avoit logé chés fon Pere, & trouvant ce fils fort aimable, Elle fit confentir le Pere à le Lui confier. Elle eut en effet foin de fon éducation & le fit élever à fa cour; lorsque cette augufte Princeffe mourût Mgr. fon frere, le Prince *Henry*, prit le jeune homme auprès de Lui, en qualité de Gentilhomme de fa chambre; mais au bout d'un an, il ne lui refufa pas de fatisfaire le défir qu'il avoit de retourner dans fa patrie; le Comte *Diane* y étant de retour, s'engagea au fervice militaire du Duc de Modene; il s'amufa — comme tant d'autres officiers tuent leur loifir, — & s'attira dans le cours de fes plaifirs la plus fâcheufe affaire qui puiffe arriver à un homme d'honneur. Un rival qui avoit fuccombé auprès de fa belle, fous la figure féduifante & les manieres gracieuses du Comte *Diane*, eût par vengeance la lâcheté de l'accuser du vol d'une boëte d'or; il réussit par un concours singulier de circonstances, à donner un air de vraisemblance à cette calomnie; il eût le crédit de faire enfermer le Comte à la citadelle & la cruauté d'user encore de ce même crédit, pour le faire traiter comme un homme coupable d'un crime des plus atroces. Il ne fut permis au Comte ni d'écrire ni de recevoir des lettres; on ne lui donna ni papier ni encre; personne n'osoit le voir; pendant 23 jours il n'eut pas la permission de se faire raser; la seule ressource qu'il avoit dans cette triste situation étoit la lecture du 4e vol. des Oeuvres de *Voltaire*, qu'il se trouvoit avoir dans sa poche lorsqu'il fut arrêté. Enfin un avis nocturne lui apprit qu'on travailloit à son élargissement, & à prouver son innocence, & qu'on étoit sur le point de pouvoir indiquer le véritable filou. Bientôt ensuite, mais après une captivité de plusieurs mois, l'affaire du Comte prit une tournure entierement favorable, & il venoit, lorsque je me suis rencontré avec lui, d'achever sa justification pleiniere auprès du Duc de Modene à Milan, où il avoit été reçu à la Cour avec toutes les distinctions & les marques d'intérêt dues à son infortune; il avoit été rétabli & avancé même dans les troupes du Duc, mais je doute qu'il reste à ce service. Je trouve, au reste, que malgré ce qu'il a souffert il en a été quitte encore à bon marché; peut-être n'aurois-je pu faire ce petit voyage avec lui si son aventure lui étoit arrivée dans certain pays où l'on a souvent, sur de légers indices, roué, décapité, pendu, exilé, envoyé aux galeres, &c. des innocens, sauf à réhabiliter leur mémoire après l'arrêt exécuté; — belle satisfaction!

Le Comte *Diane* m'a fait le plaisir de me raconter cette histoire effrayante & bien attachante, dans son bon langage toscan, que je n'avois gueres entendu encore & elle a duré fort longtems à cause de tous les incidens étranges dont elle a été accompagnée & qui feroient la matiere de toute une brochure des plus intéressantes; moyennant cela une bonne partie du chemin s'est trouvée agréablement abrégée.

Au sortir de Marignan nous passâmes le *Lambro* sur un pont, auprès duquel cette riviere forme une belle cascade à deux jets, chacun d'un seule nappe d'eau.

A 7 heures, & déjà dans l'obscurité, nous arrivâmes à Lodi, à 20 miles d'Italie, de Milan; mais le voiturier nous fit loger dans une auberge hors de la ville, dans laquelle nous n'entrâmes pas même, en sorte que je n'en puis rien dire. On nous donna pour souper l'éternel *fe-*

gato, sans la *cervella* cependant, mais en revanche plusieurs autres mets dont quelques uns étoient plus particulierement italiens; des *polpette fasciate* espece de rissoles, faites d'une farce de viande enveloppée dans des morceaux de la coeffe des boyaux; de la *mostarda*, espece de forte raisinée, de moûtarde; du *peverone*, ou poivre d'espagne confit dans du vinaigre, manger infernal par sa causticité.

Le 7. Mars.

A 6 heures du matin nous repartîmes; le brouillard qu'il faisoit fut suivi d'un tems magnifique comme étoit aussi celui de hier.

A midi: passé le Po dans un bac; arrivée à *Plaisance*, un quart d'heure après. On visita un peu nos malles à la Douane & on nous munit d'un billet. Nous ne nous donnâmes le tems que de manger quelques œufs & de boire un coup d'un bon vin blanc doux, pour nous promener; j'étois impatient de voir les fameuses statues équestres sur la grande place; ce sont réellement des morceaux admirables; la tête surtout d'*Alexandre Farnese*; j'aurois desiré seulement que la criniere du cheval fut moins choquante; elle est de beaucoup trop lourde.

Nous nous arretâmes longtems aussi dans la *Cathédrale*, où le riche autel de la Madonna del Popolo, les belles tribunes sculptées & dorées; un nouvel autel avec un beau tableau de *Battoni*, & quantité d'autres ouvrages de peinture & de sculpture méritent d'être vus.

La ville a quelques beaux édifices particuliers, entr'autres un nouveau palais que le Comte *del Verme*, vient de faire bâtir.

Nous nous remîmes en route à 3 heures; à une $\frac{1}{4}$ lieue de la ville nous laissâmes à la droite une très grande & assés belle maison des Prêtres Missionnaires. Nous passâmes le *Nura* sur un pont de 12 ou 13 arches, assés étroit pour sa longueur; puis une autre riviere sur un pont d'une seule & grande arche; encore deux autres rivieres qui étoient à sec; enfin à côté d'un grand pont, semblable à celui de la Nura, la rivière de *Larda* qui étoit également à sec.

Vous aurés lu, Monsieur, que tous ces torrens (j'en citerai encore plusieurs) qui descendent de l'Apennin, embarrassent souvent extremement les voyageurs, mais cet hyver il n'étoit tombé que très peu de pluye, dans ces contrées; je ne me rappelle pas d'avoir vu pleuvoir depuis mon départ de Genes jusqu'à la veille de mon départ de Milan.

A 7 heures nous atteignîmes Fiorenzuola, où nous couchâmes dans une assés mauvaise auberge hors de la ville; j'aurois donné volontiers quelques plats du souper pour un meilleur lit. C'est un désagrément que l'on a ce semble avec les voituriers, en Italie, comme dans quelques autres pays, d'être conduits dans les auberges où il leur en coûte le moins, sans qu'ils s'embarassent de la commodité des voyageurs.

Le 8. Mars.

Départ à 5 heures. Passé un bras de la *Ricongina* sur un beau pont de pierre tout neuf, ensuite la rivière même, à gué, à côté d'un long pont de bois.

En traversant *Borgo*, nous remarquâmes différentes maisons bien bâties & de belles façades d'églises: en particulier celle de l'église & du college des Jésuites à l'extrémité méridionale de la ville. La Cathédrale est ancienne, bâtie presque toute en marbre, dans le goût grec du bas âge, & d'une architecture qui me plaît; cette ville est la résidence d'une Princesse douairiere; de la veuve du dernier Farnese, Duc de Parme; elle est la sœur du Duc de Modene (*). Laissé à droite *Castel Guelfo*, ancien château appartenant à un Comte ou Marquis *Virgulini*, & traversé le *Taro* dans un bac. Ce torrent, lar-

---

(*) Cette Princesse est morte en 1777.

ge quelquefois d'une demi-lieue, ne l'étoit peut-être pas de 20 pas aujourd'hui & il paroissoit au lit que depuis longtems il n'y avoit eu beaucoup d'eau. Avant que d'y arriver on remarque à la portée du mousquet une 10ᵉ de grands monceaux de pierre: ce sont des restes d'un vieux pont qui existoit dans le tems que le torrent avoit son cours par là. Dans le large lit actuel se voyent aussi des ruines moins considérables d'un pont plus moderne.

Au sortir du Taro, nous enfilâmes une magnifique chaussée de gravier, bordée d'arbres & tirée au cordeau comme celles du Milanois. Elle est longue de près de deux lieues, mais elle fait une petite inflexion vers le milieu. On a pour point de vue, au bout de cette allée, les deux tours de l'église des Minimes à Parme; mais on croit ne voir qu'une tour, parcequ'elle sont à côté l'une de l'autre, dans la même direction que l'allée.

Le Sol m'a paru beaucoup moins gras dans le Duché de Parme que dans le Milanois. J'ai remarqué qu'on mettoit sur le dos des bœufs qui tiroient la charue, des couvertures blanches de cotton & qu'on attachoit ces bêtes, je crois par les narines, par lesquelles passe un anneau, à une longue piece de bois qui monte entre les deux têtes, en fe courbant en arrière. J'ai vu aux femmes de la campagne les chapeaux dont Mr. l'Abbé *Richard* fait mention.

Nous arrivâmes à Parme vers midi & je traverfai exactement toute la ville, dont le contour eft à peu près circulaire, d'un $\frac{1}{4}$ de mille d'All. en diametre, jusqu'à la maifon de M. *Daniel Maumari*, Banquier de la Cour & Agent de la Cour de Pruffe à Parme; frere de M. *Maumari* à Genes. Ce galant homme, bienfaifant, bon pere & bon époux, a époufé ma coufine germaine, niece de mon Pere par un de fes frères, femme de beaucoup d'efprit & remplie d'excellentes qualités; c'eft la perfonne que je Vous ai dit, Monfieur, que j'avois tant d'envie de revoir, & il m'en coûte de fupprimer les expreffions du plaifir que j'en ai reffenti & les détails de la bonne réception qu'on m'a faite. Vers le foir un des deux fils de M. *Maumari*, du premier lit, m'accompagna par la ville, que je n'ai pas trouvée autrement belle pour une des capitales de l'Italie; on peut à peine la comparer à une ville d'Allemagne du fecond rang.

J'ai porté une lettre de Mrs. *Reycends* à leur Correfpondant, Mr. *Faure*, Libraire françois fort eftimé, & chés lequel on rencontre fréquemment des gens de lettres, qui viennent faire la converſation dans ſa boutique (*); j'eus dès ce ſoir le plaiſir d'y faire la connoiſſance d'un des Savans les plus eſtimables de Parme, celle du Pere *Carminati*, Théatin, Profeſſeur de Métaphyſique à l'Univerſité, très verſé dans la Phyſique & dans les Mathématiques (**).

De chés M. *Faure* nous fîmes une promenade à un Palais d'été du Duc, près de la ville, nommé *Palazzo Giardino*, d'un grand Jardin qui eſt auprès & que je parcourus; il eſt aſſés beau, orné de belles ſtatues & d'autres ouvrages de ſculpture; les plus beaux à mon avis ſont deux vaſes, une ſtatue du célébre poete

---

(*) Ce digne Libraire eſt mort l'année ſuivante; le jeune Comte *Cerati* a honoré ſa Mémoire par un poeme imprimé à Rome & adreſſé à l'Imprimeur Rl. *Bodoni* dont je parle plus bas. Ce Comte *Antoine Cerati* paſſe pour un des litterateurs des plus diſtingués de Parme. Il eſt neveu du célèbre Prélat *Gaſpar Cerati* connu entr'autres par ſa correſpondance avec *Monteſquieu* & mort en 1769. L'année paſſée 1778, le Comte *Antoine* a fait imprimer un éloge hiſtorique de ſon oncle, qu'on dit fort bien écrit. M. *Faure* me dit un jour que ce Gentilhomme travailloit à une hiſtoire politique de Parme, de laquelle on pouvoit ſe promettre beaucoup: mais que l'auteur balanceroit peut-être à la faire imprimer.

(**) J'ignore le nom de batême du P. *Carminati*, c'eſt pourquoi je ſuis en doute s'il eſt l'auteur d'un ouvrage annoncé ſous le titre: *BASSIANO CARMINATO de animalium ex Mephitibus & noxiis halitibus interitu ejusque propioribus cauſis Litteræ III.* à Lodi 1777. peut-être ces lettres lui ſont elles ſeulement adreſſées.

Frugoni & un grouppe de Bacchus & d'Ariadne, le tout exécuté par *Boudard*, premier Sculpteur de la Cour, mort depuis peu & qui paroît avoir été un fort habile homme. J'ai regretté de ne pouvoir approcher mieux de la statue de feu M. *Frugoni* & du grouppe; ces morceaux se trouvant dans un enclos qu'on tient fermé & dans lequel j'ai remarqué aussi un petit temple bâti à l'antique & en forme de ruines. J'ai vu encore dans ce Jardin un très vaste bassin ovale avec une île en maçonnerie au milieu; son existence est antérieure à celle du Jardin actuel & il doit avoir servi pour des fêtes (*). Le Palais même vient d'être reblanchi, & embelli aux croisées &c.; on bâtit aussi dans l'intérieur que je me suis réservé de voir une autrefois.

Le palais ordinaire du feu Duc de Parme, qui faisoit partie de celui des *Farneses*, édifice immense & majestueux, mais point achevé, que nous avons traversé, a été démoli entièrement; on n'en voit plus que les fondemens. Le célé-

(*) En effet j'ai lu depuis, dans un ouvrage intitulé: *Etat ancien & moderne des Duchés de Florence, de Parme &c.* Utrecht 1711, la description de très belles fêtes données dans cet emplacement à l'occasion du mariage d'un Prince *Edouard*. Ce livre en général est curieux par plusieurs descriptions de ce genre & par quantité d'anecdotes de quelques Cours d'Italie.

bre Marquis de *Felino*, Miniſtre du Duc, ſe propoſoit de le faire rebâtir avec beaucoup de magnificence; mais les miniſtres qui lui ont ſuccédé n'ont pas jugé à propos de pourſuivre ce projet, enſorte que le Duc régnant eſt aſſés mal logé en ville, aujourd'hui; ſon palais, ſitué près de l'ancien, ne conſiſte qu'en deux ou trois belles maiſons particulieres qu'on a jointes enſemble, & embellies d'une façade commune auſſi-bien qu'on a pu ſans y mettre trop d'argent.

Avant de retourner au logis; nous nous ſommes promenés au *Stradone*, promenade publique des plus agréables; c'eſt une très longue eſplanade, qui a la vue ſur la campagne au midi; il eſt domage que les peupliers d'Italie qu'on y a plantés & qui ſont repréſentés comme de grands arbres, ſur le plan de Parme de M. *de la Lande*, ne ſoyent pas venus.

Au bas du *Stradone* vers le Nord eſt un Jardin botanique, planté ſous les auſpices du Marquis de *Félino*, mais qui retombera probablement en décadence, n'y ayant gueres de fonds pour l'entretenir.

La belle allée dont je viens de parler n'eſt pas le cours proprement; car à Parme comme à Milan le cours ordinaire eſt la plus grande rue, nommée auſſi la *Strada grande*, & qui conduit à la porte de Modene & au Stradone. Au bout de cette rue est un fort beau palais, nouvellement bâti par M. G. noble Génois, qui s'est épuisé à le bâtir & en a emporté les meubles par précaution, en allant jouir à Genes d'un répit de 5 ans, après lesquels il s'est engagé de satisfaire ses créanciers.

J'ai cherché dès aujourd'hui à me procurer un plan de Parme portatif: mais inutilement: M. *de la Lande* a eu le dessin de celui qu'il a mis dans son recueil de plans, d'un habile Ingénieur dont il a fait ici la connoissance, & qui se propose d'en publier bientôt un lui-même.

Le 9. Mars.

J'ai fait ce matin un grand tour avec M. *Maumari* le Pere, pour voir les plus belles églises: la *Cathédrale*, la *Steccata*, les églises de *S. Jean* & du *St. Sepulcre*, sont fameuses par les chefs-d'œuvres du *Correge* & du *Parmesan* qu'elles renferment; je m'y suis délecté véritablement, avec mon *Cochin* à la main, sur lequel je n'ai pas laissé de trouver quelques rémarques à noter.

Je vis aussi S. *Antonio*, église toute neuve, achevée seulement depuis 3 ans. Son contour assés semblable à celui de *la Steccata*, est entierement curviligne, composé de deux arcs de cercle aux extrémités & de deux arcs elliptiques aux côtés. Ces 4 arcs ou ronds-points forment quatre angles rentrans, dans l'église, & à chaque angle est une statue. L'église est ornée aussi de quelques bons tableaux modernes & de dorures légeres & de bon goût. Sa voûte est singuliere; elle est peinte en grisaille, mais percée à jour, de façon qu'on voit à travers encore une coupole, peinte également à fresque, mais en couleurs.

M. M. me mena ensuite dans la salle de l'Académie des Beaux-arts, dans le palais Farnese, qu'on nomme ici *la Pilota*. J'y vis quantité d'antiquités tirées de Velleja, entr'autres un beau buste, bien conservé, de *Vitellius*. Au fond de la Salle, sous un Dais, se voit le portrait de l'Infant Duc regnant. Aux deux côtés les bustes de feu son Pere, l'infant Don *Philippe*, & de feue sa sœur, la Reine des Romains, exécutés en marbre par *Boudard*, très beaux & qu'on dit fort ressemblans. Au dessus du second est un tableau en pastel, peint par cette Princesse, & qui feroit honneur à un bon peintre de Profession; je passe sous silence quelques autres statues & bustes modernes; mais ne vous dirai-je rien du fameux Tableau du *Correge*, qu'on nomme la Madonne au St. Jérome, qui se conserve aujourd'hui dans la même salle? je l'ai vu; je l'ai consideré longtems; je l'ai admiré
comme

comme il le mérite; il vaudroit la peine de faire un voyage de 100 lieues pour voir ce chef-d'œuvre, dont les connoisseurs, en le décrivant en termes de l'art, me dispensent de rien dire de plus; mais une chose qu'il faut que je Vous demande: — avés Vous entendu dire que le Roi ait offert 25000 Ducats de ce tableau? celui qui me l'a montré me l'assure; ce seroit une preuve remarquable de l'intérêt que le Mrs. de *Félino*, prenoit aux beaux-arts & à la gloire de l'état, que d'avoir refusé une offre si considérable (*).

Vis à vis du *Correge*, lequel est renfermé sous la clef, dans une espece d'armoire à deux portes, est un autre morceau de peinture admirable; un des plus tableaux du *Schidone* que j'aye vus.

Dans les salles attenantes à la grande salle & dont l'une en est l'antichambre, se trouvent encore de beaux morceaux de sculpture, de peinture & principalement de gravûre, les uns envoyés ou donnés en présent à l'Académie, d'autres faits pour la réception dans ce corps; entr'autres un grand tableau d'Hercule & d'An-

---

(*) Un Négociant de Turin m'a dit depuis avoir eu en effet la commission d'acheter ce tableau pour le Roi, mais de n'en donner que jusqu'à 18000 Ducats; c'est toûjours beaucoup.

thée, par le Peintre de la Cour, Mr. *Joseph Baldrighi*, & un grand bas-relief de Mr. *Guiard*, successeur de *Boudard* dans la place de Sculpteur de la Cour (*).

Il fallut quitter cette belle collection, où j'espere bien de retourner, pour ne pas laisser refroidir le dîner; après lequel je vis la grande filature, ou comme on dit ici, *filanderie*, de M. *Maumari*; on y dévide la soie, des co-

---

(*) Un ouvrage de 10 volumes tel que les mémoires secrets de *Bachaumont* ne se trouvant probablement pas entre les mains de beaucoup de mes lecteurs; il me sera permis d'en tirer le passage curieux qui suit: du 29. Janvier 1768. ,,Il est arrivé récemment de Rome (à Pa- ,, ris) un artiste sur lequel on fonde les plus grandes espé- ,, rances. C'est le Sr. *Guyard*, Sculpteur, l'éleve de ,, *Bouchardon*, & qui dès le tems qu'il fut question de ,, la statue du Roi avoit fait un modele supérieur à celui ,, de son maître. La menace que lui fit M. de *Marigny* ,, de ne le point laisser aller à Rome s'il ne brisoit son ,, ouvrage a fait perdre ce morceau. On lui offrit en ,, dédommagement une gratification de 7000 livres, qu'il ,, refusa. L'Apollon qu'il a fait pour M. *Bouret*, & ,, qu'on voit à Croix-fontaine, est un garant de son ta- ,, lent. Le Sr. *Guyard* est un homme rustre, sans édu- ,, cation, ne connoissant d'autre livre qu'une mauvaise ,, traduction d'*Homere*; mais d'un génie chaud, ardent ,, & d'une ame fiere & inflexible. Ses dessins ont autant ,, de force que de sagesse. Un Anglois lui ayant offert ,, à Rome 15000 livres de la figure d'Apollon, que M. ,, *Bouret* n'a payé que 6000 livres, il refusa, & ce ,, trait est une preuve de sa façon de penser honnête & ,, grande."

cons, dans 100 chaudrons pour lesquels il y a 50 fourneaux, séparés les uns des autres, sur deux files. Le fourneau dans lequel on fait périr les chrysalides, est fort grand & contient au-dessus du foyer, une machine qu'on me dit être d'une invention particuliere; il faut Vous figurer un montant de bois qui peut tourner sur un pivot, & qui forme l'axe de plusieurs roues, à 8 rayons; on remplit les espaces triangulaires que laissent ces rayons, par autant de corbeilles de la même forme, remplies de cocons; on peut faire sécher en 5 heures de tems 4500 *Sachets* de cocons.

Je fus appellé pour recevoir la visite, déjà la seconde, de l'aimable P. *Carminati*; après laquelle je fis une promenade en chaise avec M. *Maumari*, aux environs de la ville, sur le chemin de Mantoue & de Colorno; ils me parûrent un peu nuds & uniformes.

Je passai quelque tems encore à parcourir des livres dans la boutique de M. *Faure*; entr'autres la Perspective de M. *Petitot*, Architecte de la Cour & qui a fait le plan du Jardin du *Palazzo Giardino*; cet ouvrage est imprimé à Parme en 1768. — Les *Opuscula Mathematica* de l'Abbé *Giannini*, Florentin, Parme 1773. 8vo; ils roulent sur l'hydraulique, sur la cycloïde &c.; l'auteur a quitté Parme pour remplir une place de Profeſſeur à Madrid. Je parcourus auſſi le 2ᵈ Volume de la *Scelta d'opuſcoli intereſſanti* de Milan, ouvrage périodique qui a ſuccédé à celui qui avoit pour titre *le Caffé*, mais auquel ne travaillent que 3 perſonnes; je trouvai avec plaiſir dans ce volume des ouvrages de deux de mes plus eſtimables Confreres: le mémoire de M. *Béguelin* ſur la façon de faire couver les œufs dans des fours & celui de M. *Lambert*, ſur les changemens de notre globe.

Le 10. Mars.

Le P. *Carminati* me mena ce matin chés le P. *Bina*, Bénédictin & Prof. de Phyſique expérimentale; autre réligieux très poli & de beaucoup de ſavoir, qui a même le mérite, rare en Italie, de parler un peu l'allemand & d'avoir fait l'honneur à un livre allemand de le traduire: c'eſt la Phyſique de *Wolf*; j'ai vu auſſi de lui un mémoire qui a remporté un prix, ſur les moyens d'empêcher les eaux de ruiner les digues; & il doit avoir publié encore d'autres brochures; ſa bibliotheque eſt très bien fournie de livres de mathématiques.

Le couvent où loge le P. *Bina* eſt un très bel édifice, bâti en croix, avec de belles cours à portiques. Je vis dans le grand réfectoire, une perſpective peinte par le *Correge*, qui fait voir qu'il étoit grand maître auſſi dans ce genre.

Les deux complaisans Professeurs me menerent ensuite à l'Université, où quelques uns de leurs collegues demeurent & où sont les écoles; ce bâtiment est le grand college qu'habitoient les Jésuites; il est grand & très majestueux. Nous entrâmes d'abord dans l'église, dite de *S. Roc;* d'une Architecture fort noble, de même que le goût des décorations; elle est toute en blanc, excepté les tribunes, qui sont blanc & or, & l'autel, doré entierement.

On a fait dans ce College plusieurs changemens, en y transportant les écoles de l'Université, il y a quelques années. On y a bâti un grand laboratoire de Chymie qui m'a paru bien fourni & construit avec intelligence; à côté est la salle où le Comte *Camuti* donnera ses leçons; il n'a pas commencé encore, étant premier Médecin de la Cour, fort occupé par la pratique. Les salles d'Anatomie & de Physique sont neuves également; toutes les trois sont peintes avec goût & garnies de *théatres:* c'est à dire, de bancs rangés par gradins en amphithéatre.

La salle de Physique, dans laquelle le P. *Bina* donne chaque Été 24 leçons & acheve le cours en 3 ans, est très bien fournie. La plûpart des instrumens sont faits suivant les principes de l'Abbé *Nollet*, par le Sr. *Préti*, habile Mécanicien. La machine électrique porte un disque de verre, d'une grande force, & on y a appliqué différentes inventions nouvelles; quelquefois on substitue un disque de carton enduit avec de l'huile de lin, à celui de verre, & on m'a dit qu'il faisoit assés d'effet. On m'a montré une pompe décrite par *Muschenbroeck*, qui a donné au P. *Bina*, l'idée d'une nouvelle machine pneumatique.

Il y a dans cette salle un vieux quart-de-cercle, sans pied, de 30 pouces de rayon, sur le modele duquel Mr. *Preti* en a construit un très beau, du même rayon, & qu'on conserve aussi dans cette salle. Le pied est de bois de noyer, à 4 bras; la tige est formée en T & tourne dans l'intérieur d'un cercle qui n'est pas gradué & qui repose sur 4 montans. Le quart-de-cercle, à peu près de la forme ci-jointe, est fixé à la tige du T, à laquelle tiennent aussi deux branches *ab* & *de*, dont la

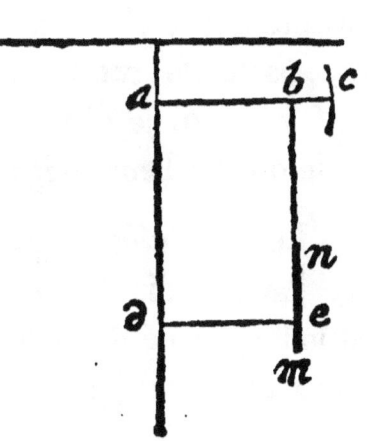

premiere est terminée par un arc de cercle *c* qui s'applique au limbe du cercle que j'ai représenté dans l'intérieur du quart-de-cercle, & contre lequel on peut faire mouvoir celui-ci ou l'arrêter; ces mouvemens peuvent aussi être rendus lents au moyen d'une vis *m n* qui passe par l'extrémité de l'autre branche *d e*. Le limbe est à transversales & tout l'instrument est très beau; mais la matiere du pied peut donner lieu à des objections.

De deux horloges astronomiques qui se trouvent dans la même salle, toutes deux à verge simple, l'une ne laisse pas d'être une piece très précieuse, étant l'ouvrage de *Julien le Roi*.

On m'a parlé d'une petite méridienne qui doit se trouver dans le college; je ne l'ai pas vue. Au dessus du College, & fort haut, se voit l'Observatoire, en forme de tour octogone, bâti par le célebre Pere *Belgrado*, retiré aujourd'hui à Udine sa patrie. Mr. *de la Lande*, parle de cet Observatoire dans son voy. T. I. p. 470. je n'ai pu y monter aujourd'hui; on le dit d'ailleurs dégarni d'instrumens.

Le *Jardin botanique*, que je vis ensuite & que j'ai déja dit être situé au bas du Stradone, est vaste, orné de belles serres, mais sans fourneaux & ce qui pis est, sans fonds suffisans pour l'entretenir, comme j'ai déjà dit & ce qu'on m'a confirmé.

L'*Univerſité* dont je viens de parler compte environ 400 Etudians & donne les degrés.

Le *College des Nobles*, auquel on me mena encore ce matin, eſt un autre établiſſement pour l'éducation, qui fleuriſſoit beaucoup ſous le gouvernement des *Farneſes*; on y comptoit alors au-delà de 500 jeunes gens; aujourd'hui il n'y en a qu'une cinquantaine. Le bâtiment eſt fort vaſte. J'y vis deux ſalles pour les ſpectacles; l'une eſt très profonde, avec 2 ou 3 galleries ou rangs de loges. — L'Apothicairerie du College eſt très belle. — J'ai remarqué au ſortir du Réfectoire, au bout du corridor, une perſpective en peinture, dont l'illuſion eſt frappante. — Ce College, dirigé ci-devant par les Jéſuites, l'eſt à préſent par des Prêtres.

J'ai accompagné, pour une demi-heure le P. *Carminati* chés lui; je l'ai trouvé fort agréablement logé dans ſon couvent, & fourni de beaucoup de bons livres de Philoſophie, de Phyſique & de Mathématique françois.

Après midi je fis une viſite à M. *Mathé* dont je vous parlerai encore dans la ſuite, & je paſſai plus d'une heure bien agréablement à la citadelle, chés le Comte de la *Torre-Rezzonico*, fils du célebre commentateur de *Pline*.

Ce Gentilhomme, tout à fait aimable par sa figure & par ses manieres, est sécrétaire perpétuel de l'Academie des Beaux-Arts & en est l'ame & le soûtien par son activité & par son zèle pour ce bel établissement. Avec cela il a des connoissances très peu communes dans les sciences abstraites; il posséde plusieurs langues mortes & vivantes & il passe pour un des meilleurs Poëtes Italiens d'aujourd'hui; ses ouvrages, peu volumineux mais d'autant meilleurs & pleins de goût (*), suffisent pour prouver une grande partie de ce que je viens de dire de lui. Le Comte s'est fait peindre lisant la lettre très gracieuse que le Roi écrivit à son Pere, il y a deux ans, en l'agrégeant à notre académie; ce tableau, indépendamment d'une singularité qui nous fait honneur, est très beau par l'exécution. J'ai oublié de demander le nom du Peintre; peut-être est ce *Bussoni*, actuellement à Rome, duquel j'ai vu chés le Comte plusieurs autres beaux portraits. Je me suis beaucoup plu à voir sa collection choisie de livres & d'estampes; il a une quantité d'éditions rares d'auteurs classiques Latins, Italiens, Anglois &c. & d'ouvrages ornés de gravûres; j'ai feuilleté entr'au-

(*) v. *Zusätze* T. I, p. 114.

tres un superbe ouvrage qui représente les fêtes données à l'occasion des nôces de l'Infant & les échantillons d'un ouvrage non moins beau & dans le même goût, pour le mariage du Prince de Piémont; le Comte est un des quatre entrepreneurs de cet ouvrage. La Citadelle est bâtie à ce qu'on m'a dit sur le modele de celle d'Anvers; la Place au milieu est fort grande. Les troupes de Parme sont très belles, surtout les gardes Wallonnes; on a fait une réforme dans le militaire, en combinant le Régiment de Parme avec celui de Plaisance, & j'ai entendu dire qu'on songe à pousser cette réforme encore plus loin.

Revenu en ville, j'allai à la Bibliotheque Royale, dont l'entrée est vis à vis de celle de l'Académie, à la Pilote, & que l'Infant a rendue publique il y a quelques années. Elle est déjà très considérable quoique fondée depuis peu de tems: de 50000 volumes, à ce qu'on m'a dit, tous très bien reliés. Le vaisseau principal est une longue gallerie boisée & fort ornée; à côté, à droite, sont encore deux chambres pour les livres rares & pour les manuscrits, & la place commençant à manquer, on va accommoder encore une autre gallerie qui fera équerre à gauche avec la premiere, & où l'on mettre principalement des livres hérités des Jésuites, qu'on a gardés (car beaucoup ont été vendus) & qui ne sont pas encore rangés (*).

Je revins à la maison par les Remparts, promenade agréable & permise.

Le 11. Mars.

Une mauvaise nuit & un vilain tems ce matin, me firent garder la chambre jusqu'après midi. Pour remplir ce vuide dans mon Journal je me suis informé des prix actuels de divers comestibles.

Il faut savoir d'abord que les Louis neufs ont cours ici; qu'ils valent suivent le tarif du Prince 95 livres de Parme, mais qu'on les passe dans le commerce ordinaire à raison de 96 jusqu'à 97 livres: ainsi une livre de Parme ne vaut que 1 gros 8 fenins, de nôtre monnoie, & un Sol, la 20e partie de la Livre, fait exactement 1 fennin.

Le *Staro* (à peu près $\frac{2}{3}$ de Quintal) de blé a coûté, il y a quelque tems, jusqu'à 50 Liv. de Parme, actuellement il en coûte 44.

1 Liv. (de 12 Onces) de Bœuf, coûte 28 Sous de Parme.

(*) Je parlerai de cette Bibliotheque encore dans la suite; mais on fera bien surtout de consulter le *Fragment d'une lettre de D. PLACIDE FRÉDÉRIC, Bénédictin, au Chanoine BANDINI*: morceau intéressant inséré dans la *Gazette litt. de l'Eur.* Oct. 1777.

1 Liv. de Veau coûte — 15 à 18 Sous.
1 Liv. de Mouton — 12 Sous.

La Venaison & la Volaille sont à bon marché ici:

Deux Coqs d'Inde (on les achète par paires, comme des poulets), coûtent 6 Livres.

Un Lievre, 5 Livres.
Deux Grives, 30 Sous.

La Livre de Brochet, 15 jusqu'à 30 Sous, suivant la Saison.

La Livre d'Huile fine, 3 Livres.

Celle de Beurre, en été 1 L. 4 S. en hyver 1 Liv. 12 Sous.

La Livre de pâtes ou Macaroni de Genes, 1 Liv. 8 Sous.

La Livre de Chandelle, 1 Liv. 8 à 10 Sous.

Après le dîner, je me rendis à l'Académie, où le Comte *Rezzonico* m'attendoit pour me faire voir la grande table de bronze dont M. *de la Lande* parle T. I. p. 507): une des antiquités les plus curieuses de ce genre en Italie. Elle se conserve dans l'antichambre de la grande Salle. Je m'amusai aussi à examiner, piece par piece, les estampes de la Gallerie de Versailles qui tapissent la même antichambre, mais surtout je recontemplai à loisir le Tableau du *Correge*.

J'ai passé aussi une heure à lire dans la Bibliotheque, enfin j'ai fait en voiture le tour de la Citadelle avec M. *Maumari*.

Le 12. Mars.

Mon Journal sera sec & court encore aujourd'hui. Peu satisfait de ma santé, je fis une promenade à cheval, le matin, avec un des fils de M. M. sur le chemin de Reggio, & en voiture l'après dîner avec le Pere & ma Cousine; je n'ai point remarqué de belles maisons de Campagne; & un grand inconvénient des promenades aux environs de Parme est, qu'à cause de la quantité des Torrens, on est obligé presque constamment de revenir par les mêmes chemins.

Les manteaux de drap, comme Vous savés sans doute, sont fort en usage en Italie; ici on les porte presque généralement d'écarlate.

Le 13. Mars.

Fait un tour inutile à la Citadelle, où j'espérois de faire ma Cour au Comte *Rezzonico* le Pere, & voir son beau Cabinet de Médailles; mais il se trouva indisposé. Retourné à la Bibliotheque, où j'ai fait aujourd'hui seulement la connoissance du premier Bibliothécaire, Mr. l'Abbé *Schenoni*; il parle assés bien l'allemand & fait venir les gazettes littéraires de Göttingue

& d'Augsbourg; en m'en donnant un paquet à parcourir, il me fit rompre un jeûne littéraire, qui m'avoit beaucoup peiné. Ie fus obligé de remettre encore à un autre jour à voir les curiosités de la Bibliotheque; il y faisoit trop froid pour moi aujourd'hui. M. *Faure,* chés qui je passai, m'en dédommagea un peu par une curiosité typographique très remarquable qu'il me montra; c'étoient des échantillons d'impression en 20 langues exotiques différentes: l'armenienne, la sanscritaine, *l'allemande* &c. imprimés avec beaucoup d'élégance à l'Imprimerie du Duc, (qu'on nomme *Royale,* comme la Bibliotheque) & présentés à S. A. R. en un petit volume, à l'occasion des premieres couches de l'Infante.

Je vis ensuite l'église de l'*Annunziata,* remarquable entr'autres par son architecture. Elle forme une grande ovale avec une seule voûte; le maître-autel est vis à vis de l'entrée principale, dans la direction du petit axe, & de chaque côté entre cet autel & cette entrée sont cinq petites chapelles voûtées, à côté l'une de l'autre, sur le contour elliptique. A ces chapelles près, l'intérieur de l'église ressemble beaucoup à celui de notre majestueuse église de St. *Pierre,* à Berlin.

Revenu à la maison, je trouvai une seconde occasion de parler l'Allemand sans m'y être attendu; c'est à dire avec deux Capucins de *Steinbach*, dont l'un est Confesseur de Mad. l'Archiduchesse Infante.

Mr. *Maumari* me mena après midi chés Mr. le Comte de *Flavigni* Ministre de France, qui me reçut avec la politesse ordinaire de sa Nation, & où je fis la connoissance du Comte *Camuti*, premier Médecin de la Cour que je Vous ai déjà nommé, & celle des Comtesses de *Flavigni* & *Camuti*.

De-là nous allâmes voir le fameux théatre duquel d'autres voyageurs ne m'ont plus rien laissé à dire: l'entrée est à la Pilote, vis à vis du grand escalier au bout duquel on entre: à la droite dans la Bibliotheque, à la gauche dans les appartemens de l'Académie. Il est dommage qu'on n'entretienne pas ce bâtiment, qui feroit toûjours honneur à la ville, comme unique dans son genre & très noble. Bientôt ce ne sera plus qu'un garde-meuble; déjà on y a mis un grand modele d'une église que le Duc vouloit faire bâtir à Colorno, projet qui n'a pas eu lieu. Ce modele est très joli & mérite d'être vu. On conserve encore une des barques qui servoient aux Naumachies données autrefois dans cette grande salle.

A côté eſt une ſalle de ſpectacle beaucoup plus petite; bâtie à peu près dans le même goût. Des particuliers y ont repréſenté quelquefois des pieces en Société; mais il ne ſert pas pour le grand Opéra ni pour aucun ſpectacle public.

Au retour je vis encore les belles écuries de la Cour; Mr. *de la Lande* en parle (T. I. p. 462.) & ajoûte qu'après la mort du Duc précédent les nombreux équipages de chaſſe &c. ont été totalement réformés; ſurquoi il eſt à obſerver que Mad. l'Infante d'aujourd'hui, aimant beaucoup les chevaux & la chaſſe, cette réforme n'a pas ſubſiſté longtems, du moins en ſon entier (*).

Je vais profiter, Monſieur, de l'occaſion qui ſe préſente de Vous envoyer cette lettre; mais Vous en recevrés encore une de Parme; on ne veut pas que je parte encore & on me fait eſpérer de voir encore bien des choſes dignes d'attention. Après cela, je ne Vous en ferai pas myſtere, je prends la route de Rome.
Je

(*) Quelqu'un de la Cour à Berlin a voulu me perſuader que l'Infant défunt n'étoit pas mort de la petite verole comme on l'a débité; qu'il avoit été déchiré par ſes propres chiens à la chaſſe. Si c'eſt une fable, ce n'eſt qu'un léger rendu pour tous les contes abſurdes qu'on débite au midi de l'Europe ſur les Princes du Nord; ſi le fait eſt vrai, ce ſera le cent & unieme motif qui devroit engager les Souverains à vaincre leur paſſion pour la chaſſe.

Je me suis fait sur cette résolution bien des objections que Vous pouvés déviner, & que d'autres côtés aussi on ne m'a pas épargnées; mais que de regrets n'aurois-je pas, retourné au fond de l'Allemagne, d'avoir été si près du centre où tendent tous ceux qui aiment le beau & le grand, & d'avoir négligé, probablement pour toûjours, l'occasion de me préparer les souvenirs les plus agréables; convenés, Monsieur, que ce seroit faire la plus haute folie.

Je suis &c.

LETTRE XIII.

à Parme. le 22. Mars 1775.

Monsieur,

Je continue ma lettre du 14 dernier en Vous rendant compte de mes courses du même jour.

J'eus le tems ce matin, après ma lettre expédiée, de voir encore quelques églises: *S. Vital*; les *Carmes* & *S. André*; dans cette derniere un tableau du *Spagnolet* m'a beaucoup frappé; le sujet est S. Martin, sur un cheval blanc, partageant son manteau. Je suis fort de l'avis de Mr. *Cochin* sur le tableau de *Ricci* à S. Vital; l'effet en est si mauvais qu'il ne mérite gueres d'être vu que pour sa singularité; le tableau du même maître aux Carmes, est beaucoup meilleur, & il est dommage qu'il noircisse. Je revis aussi avec un nouveau plaisir le *Moïse* du *Parmesan*, peint à fresque & en grisaille sous une arcade dans la *Steccata* & le même jour j'ai trouvé une très-belle estampe de ce précieux morceau, gravée par *Cunégo*, dans un nouveau recueil magnifique, fait par *Gavin Hamilton* à Rome.

Après une promenade en chaife par les champs & quelques courfes en ville, j'allai ce foir, avec Mr. *Faure* l'ainé (*), chés Mr. *Boſſi*, un galanthomme, habile Deſſinateur, Graveur & Stuccateur, & même bon peintre. Il parle fort bien l'Allemand, ayant paſſé 10 ans à la Cour de Saxe. C'eſt un homme très laborieux; il a eu beaucoup de part aux beaux ouvrages ornés d'eſtampes, entrepris ces dernieres années à Parme; il a fait de charmantes vignettes, culs de lampes &c. pour les ouvrages du Comte *Rezzonico* & d'autres; & il a publié féparément des œuvres entieres de fa façon; par ex. j'avois déjà vu chés le Comte un recueil de deſſins du *Parmefan* que Mr. *Boſſi* a gravés; chés lui-même je vis un recueil de têtes de caricatures, qu'il avoit deſſinées fuivant les principes d'*Albert Durer*; de plus: les deux éditions d'une autre *Raccolta di tefte* dont Mr. *Boſſi* avoit publié la premiere étant encore à Dresde; la feconde en Italie & après avoir retouché les planches.

Cet habile artiſte a auſſi une belle collection, de deſſins, de plâtres, d'eſtampes &c. faites par

---

(*) J'ai oublié de prévenir qu'il y avoit deux Meſſieurs Faure.

d'autres artistes; il me montra, entre beaucoup d'autres choses, *Le arti di Bologna, originali di* ANNIBALE CARACCI &c. 80 estampes très plaisantes faites sur les dessins d'*Annibal Carrache*, & l'ouvrage dont j'ai fait mention plus haut, publié à Rome, en 1773, par le peintre *Gavin Hamilton*, sous le titre de *Schola Italica picturæ*; ce sont des estampes gr. in folio, gravées d'après les meilleurs tableaux des meilleurs peintres Italiens, par quelques uns des meilleurs graveurs d'aujourd'hui, tels que *Volpati, Cunego, Tinti* & d'autres; j'ai parcouru ce superbe recueil avec ravissement, & je souhaite bien d'en voir la suite.

Le 15. Mars.

J'ai traversé ce matin la ville, jusqu'à la porte par laquelle j'y étois entré, & j'ai vu quelques églises dans ce quartier là; entr'autres celle de Ste. Croix qu'on tendoit en Damas, pour une fête le Dimanche prochain; & l'église de *S. François de Paule* qui est celle des Minimes; j'ai déjà fait mention de ses deux tours qui ornent la ville de loin; sa façade est un ornement pour la rue. J'ai remarqué dans la premiere chapelle à droite un Christ mourant sur la croix, très cadavereux, qui faisoit contraste avec le tableau vis à vis dans la 1e. chapelle à gauche, car celui-ci, outre qu'il est assés brillant de couleurs, représente une Annonciation, où les attitudes de la Vierge & de l'Ange, & les regards de celui-ci, m'ont paru rendre ce tableau un peu indécent.

Au retour j'entrai dans l'église de *S. Paul* qui joint le palais de l'Infant par une gallerie & sert de chapelle à la Cour. J'y entendis un fort bon sermon sur le devoir de garder le secret, prononcé par un Capucin en présence de l'Infant. On va orner cette église d'un bel autel neuf; je voudrois qu'on changeât aussi le cadre du tableau gâté de *Raphael,* au dessus du maître-autel & dont M. de LL. fait mention; on ne peut rien voir de plus mauvais goût.

Après le dîner, Mr. *Maumari* me mena chés Mr. *Poncet,* Ebéniste de la Cour, qui me fit voir dans deux salles de la Pilote, de beaux & grands modeles de fortification qu'on avoit fait venir de France pour l'instruction de Mgr. l'Infant, dans le tems qu'il faisoit ses études. L'une de ces salles contient 9 modeles; savoir, du quarré, du pentagone, de l'héxagone & ainsi de suite jusqu'au dodécagone. Le côté du quarré qui circonscriroit ces modeles, peut avoir 3 pieds. L'autre salle est remplie presqu'entierement par un grand modele d'une place fortifiée, attaquée par des trouppes qui ont formé trois paralleles. Il y a un grand nombre de pieces qu'on peut substituer les unes aux autres suivant les différens changemens qui peuvent arriver pendant le siege. Ce grand modele n'étoit pas tout à fait en ordre, mais j'ai vu ensuite dans une salle du Palais *du Jardin* où Mr. *Poncet* nous a menés, un modele pareil représentant une place forte, entourée de deux paralleles & qui se défend; c'est à dire qu'on fait voir au moyen de ce modele & des pieces détachées qui y appartiennent, tous les changemens que les assiégés peuvent causer dans les ouvrages des assiégeans pendant 26 jours de siege. Le nombre de ces pieces amovibles passe les 150. Tous ces modeles sont très jolis; ils imitent fort bien la nature & doivent avoir beaucoup coûté; les arbres sont de soie; les prés, les champs &c., de poussiere de soie, de diverses couleurs, collée avec du mastic.

J'ai vu encore, dans une salle à côté de celle dont je viens de parler, des modeles de vaisseaux & celui de la machine qui sert à la mâture. Vous voyés, Monsieur, qu'on n'a rien épargné pour perfectionner l'éducation du jeune Prince, qui a eu surtout pour le moral aussi, comme Vous savés, un excellent instituteur, l'Abbé *de Condillac*, & auquel le célebre P. *Jacquier* à Rome a donné des leçons de Physique.

Nous avons parcouru après cela tous les appartemens du Palais; on les répare tous à neuf, & on n'avoit fini dans aucun encore. On a sagement conservé les belles fresques d'*Augustin Carrache* & du *Cignani*, dont MM. *Cochin* & de LL. font mention. Au plafond de la salle où est la fresque du *Cignani* est une peinture qu'on m'a dit être fort voluptueuse, & qu'on a cachée par un autre tableau.

Au sortir de ce Palais j'allai passer une heure ou deux à la Bibliotheque. Je n'ose pas Vous dire que j'y ai parcouru les lettres de Mad. *du Boccage*; au souvenir de ces charmantes lettres Vous jetteriés les miennes, dénuées de tous les agrémens qui caractérisent celles-là & en font une lecture si attachante. Mr. l'Abbé *Schenoni* me la fit quitter pour profiter de la complaisance qu'il voulut avoir de me montrer les manuscrits qui se conservent dans une des deux chambres attenantes à la grande salle. Voici ce que j'en ai noté.

Un bel Alcoran écrit sur du parchemin qu'on a trouvé dans la tente du grand Visir auquel on fit lever le siege de Vienne en 1683; l'Empereur *Léopold* en fit présent à l'Impératrice, celle-ci à son Confesseur, celui-ci le laissa par testament à ses freres &c. Des œuvres morales de *Confucius*, précieux MS. Chinois. — Deux beaux livres d'heures anciens, l'un de France, l'autre d'Angleterre, avec beaucoup de peintures & de dorures. — Sept charmans petits livres intitulés: *Exercices de piété pour chaque jour de la Jemaine*, écrits fur du parchemin, à Paris, il y a moins de 30 ans & ornés de peintures, de caracteres dorés &c. qui imitent & furpaffent même celles du moyen âge. — Un recueil de lettres du P. *Foucquet* écrites de Pekin & inftructives pour l'hiftoire de la Chine. — De beaux exemplaires manufcrits des meilleurs Poëtes Italiens; entr'autres celui des œuvres de *Pétrarque* qu'on prit à François I. après la bataille de Pavie. — Enfin plufieurs manufcrits licentieux ou blafphématoires; entr'autres le livre de *tribus impoftoribus* à la tête duquel on a réfuté férieufement des gens qui doivent, avec autant de bêtife que d'ignorance, avoir attribué ce livre au R. de P. Je ne me rappelle pas fi cette réfutation étoit de la main du célebre P. *Paciaudi*, ci-devant Bibliothécaire, comme tant d'autres préambules plus inftructifs & plus néceffaires que ce favant a mis à la tête de la plûpart des autres manufcrits; méthode excellente, très propre à rendre de pareils tréfors littéraires plus utiles & que je voudrois voir imitée dans la B. R. de B.

Le 16. Mars.

M. *Faure* le Cadet m'a mené ce matin voir les églises des *Capucins*, des *Capucines*, de *St. Quintin*, de *Ste. Claire* & de *St. Alexandre*. On vante dans la 1e un crucifix du *Guerchin*, mais ce n'est sûrement pas un des meilleurs de ce Peintre. Le tableau, fort estimable, du grand-autel est *d'Annibal Carrache*, mais pas un autre qui a été attribué au même Maître; on m'a dit qu'il étoit de *Baldalocchio*.

J'ai vu avec plaisir dans cette église quelques tableaux modernes qui sont beaux & qu'on conserve avec soin derniere des rideaux. Deux de ces tableaux sont des célébres Vénitiens *Tiepolo* & *Piazetta*; le troisieme, de *Pittoni* de Vérone: un autre, de *Tagliazucchi* de Borgho; enfin un petit tableau ovale, qui représente un Capucin, est *d'Antoine Ferrari*, bon Peintre de l'Académie de Parme.

C'est dans cette église aussi qu'est le tombeau du grand Guerrier *Alexandre Farnese*.

Aux Capucines (*Capucine vecchie*) est un *Guerchin* que je préfere à celui dont je viens de parler. J'y ai vu aussi un beau tableau qui m'a paru peint un peu dans le goût du *Guide* avec cette inscription.

Franc. Carol. Nevlonus
Ds. Pamphilus Milan. f.

Je suis curieux de savoir qui étoit ce peintre; les voyageurs qui me guident ne parlent pas de ce tableau (*).

St. Alexandre est une petite église, mais d'une architecture aussi noble qu'aucune qui soit à Parme.

Vers le soir M. *Maumari* me mena en cabriolet à *Colorno,* maison de plaisance du Duc, à un peu plus de 9 miles d'Italie de Parme. Quoique nous n'eussions mis que deux heures à faire ce chemin, le jour étoit déjà si avancé que la crainte de trouver les portes fermées au retour ne nous permit que de faire un tour dans les Jardins. Ils sont assés vastes & ont quelques belles parties, mais trop d'uniformité & tout sur plaine. On a élévé à l'entrée du parc deux piédéstaux en brique, pour y placer les statues antiques dont M. de LL. parle (T. I. p. 499.) Ces piédéstaux sont hauts de plus de 12 pieds sans compter le bas du faste d'une colonne cannelée qui porte la statue. L'Hercule étoit déjà dressé, mais le Bacchus encore à terre; comme c'est la plus mutilée des deux il paroit qu'on

---

(*) J'ai trouvé depuis dans l'excellent Dictionnaire universel des beaux Arts (en allemand) de M. *Fuesslin,* que ce peintre doit être *François Charles Nuvolone* dit *Pamphile,* né en 1601; il étoit fils de *Pamphile Nuvolone* & prit, de même que son frere *Joseph,* le surnom de *Pamphile,* à l'honneur du Pere.

songe à la réstaurer. A quelques pas de là étoit encore un tronc, de la même pierre, qui paroît antique également & fait d'après un homme ni vieux ni fort nerveux.

Le 17. Mars.

Retourné ce matin chés M. *Mathé*, Bernois de nation, qui a un titre de Professeur d'Hydraulique: c'est un digne fils d'un fort habile homme qui a été au service de la Cour de Turin pour la Mécanique & l'Hydraulique. Je vis chés lui plusieurs beaux instrumens de Physique. Il a donné à sa machine électrique une force étonnante par divers artifices qu'il a imaginés; elle est à plateau & ce disque se meut entre deux coussinets ou frottoirs qui eux-mêmes tournent en même tems que le disque, mais en sens contraire; de plus ils ont communication avec la barre, ce que M. *Mathé* a trouvé augmenter beaucoup l'effet. Pour la curiosité il joint le tonnerre à l'éclair & à la foudre, en donnant de sa main, enveloppée dans un mouchoir, des coups sourds à un chassis couvert de deux pieces de parchemin d'un tambour ordinaire, mais peu éloignées l'une de l'autre; l'imitation est extrémement naturelle. J'ai vu aussi chés lui un fort joli modele, en cuivre jaune, de la machine à feu de *Désaguilliers*,

& celui d'un moulin qu'il a inventé pour faire aller à la fois, avec une feule roue, huit pompes indépendantes l'une de l'autre.

En revenant chés moi je vis monter la garde, & hier au foir en rentrant en ville, à porte fermante, j'avois vu revenir les troupes de quelques exercices; on peut dire réellement que le militaire eft fur un bon pied à Parme.

Après midi: promenade au Stradone, où je trouve rarement du monde; enfuite, avec le P. *Carminati*, à la Chartreufe, à une demi lieue hors de la ville. Les chartreux n'habitent plus le couvent, & je n'ai vu que l'églife, qui toute peinte à frefque a un air gai; feulement ai-je trouvé qu'il y avoit beaucoup trop de jaune. Il y avoit autrefois au maître-autel un tableau célébre de *Paul Véronefe*, mais qu'on a ôté lorsque le couvent a été réformé; les tableaux qu'on a laiffé dans l'églife font médiocres; il n'y a que le plafond & les médaillons dans la facriftie qui méritent quelqu'exception; mais d'un autre côté j'ai vu dans deux chapelles, des copies de la fameufe nuit du *Correge* qui eft à Dresde, & du Tableau du même Maître à l'Académie, fi déteftables que je ne conçois pas comment un gouvernement attentif à veiller aux progrès du goût & à l'honneur de l'état, rélativement aux beaux-arts, peut fouffrir de pareils barbouillages dans un bâtiment public.

Le 18. Mars.

Peu après huit heures je fuis parti avec M. *Maumari* pour *Sala*, ancienne maifon de plaifance des Ducs de Parme, à la même diftance de la ville, que Colorno, mais d'un côté oppofé, vers les Montagnes. Nous y arrivâmes vers $10\frac{1}{2}$. Ce vieux château eft compofé de plufieurs anciens bâtimens, fans aucune architecture; mais il eft très bien fitué, fur une petite hauteur, où l'on jouit d'une vue charmante, & comme avec cela il eft au pied d'une longue fuite de collines, le payfage y a beaucoup plus de variété que dans l'ennuyeufe plaine de la Lombardie. On voit auffi à peu de diftance, fur la pente de ces collines, la terre *de Félino* qui a appartenu au grand Miniftre *du Tillot* & d'où il a pris le nom de Marquis *de Félino*.

Le Jardin eft peu de chofe & manque d'ombre; mais il a un parc, & dans le voifinage font encore deux bois, l'un nommé le *petit bois* l'autre le *grand bois*; & ce font auffi uniquement ces bois qui attirent quelquefois la Cour & furtout Mad. l'Infante en ce lieu, pour y jouir du plaifir de la chaffe.

Les appartemens n'ont rien de magnifique: je n'ai vu autre chose en fait de peinture qui mérite un peu d'attention que quelque plafonds; & un Chrift mort, fur l'autel de l'oratoire ou de la petite chapelle. Ce tableau eft du *Parmefan*; il a noirci, mais il ne laiffe pas d'être beau encore.

On montre dans ce château un endroit où l'on prétend qu'a été le puits des rafoirs, pour des exécutions fécretes. On m'a fait voir auffi un réduit où s'étoit enfermé le dernier Duc de Sale, lorfqu'il fut profcrit; c'eft une petite chambre pratiquée dans l'épaiffeur du mur, & dont la porte joignoit parfaitement & étoit peinte comme la muraille. Le Duc ne laiffa pas d'être pris, & fi je ne me trompe, mis à mort.

Nous revinmes en ville pour le diner; après lequel le P. *Carminati* me mena à l'Imprimerie Royale, que M. *Bodoni* qui la dirige a établie & mife fur un grand pied, depuis 5 ou 6 ans. Il fait fondre auffi les caracteres chés lui, & pour un fi grand nombre de langues étrangeres & orientales que peu d'Imprimeries en Europe feront en état de montrer un affortiment typographique auffi complet. Outre le fuperbe ouvrage de la defcription des fêtes données pour les nôces de l'Infant, dont j'ai fait mention, & le petit livre en 20 langues dont j'ai parlé le 13, il a donné en 1771, un échantillon de fes vignettes, culs de lampes, lettres initiales &c. qui fait également honneur à fon goût & à fon efprit d'invention & montre à quelle perfection il a porté fa typographie. Il aura beaucoup de part auffi au magnifique ouvrage qu'on fe propofe de préfenter au Roi de Sardaigne, dont il eft né fujet, & fort heureufement il a dans la perfonne d'un de fes compatriotes, de M. *de Roffi*, Prof. des langues orientales à l'Univerfité, un aide très en état de lui faire faire ufage de fes caracteres étrangers autrement que pour la fimple vue; ce grand littérateur poffédant toutes ces langues ou la plûpart du moins, eft en état de compofer dans chacune quelque morceau que M. *Bodoni* imprime enfuite avec les caracteres du pays même, & en y joignant une traduction en latin ou en italien. C'eft ainfi que dans l'ouvrage qu'on prépare pour le Roi de Sardaigne, on introduira les 24 principales villes des Etats de ce monarque faifant un compliment aux nouveaux Epoux, chacune dans une langue différente (*).

(*) On trouvera ces langues fpécifiées à la p. 132. de mes *Zufætze* T. I. où j'indique auffi à la p. 138. quelques ouvrages de M. *de Roffi*. Ce docte Profeffeur a publié depuis un ouvrage *de hebraicæ Typographiæ origine & Primitiis* &c. Parme 1776. 4. réimprimé à Erlangen in 8. en 1778; & un autre, intitulé: *Specimen ineditæ ac Hexaplaris Bibliorum verfionis fyro-eftrangelæ &c.* edi-

M. *Bodoni* fait aller actuellement six presses; mais il cherche plûtôt à restraindre qu'à étendre sa Typographie. Il paroit disposé surtout à se défaire de ses caracteres orientaux, ayant peu d'espérance de recouvrer les grandes sommes qu'il y a mises, quoiqu'il ait reçu probablement des présens considérables pour les beaux ouvrages présentés à Mgr. l'Infant & qu'il puisse en espérer encore un autre pour celui auquel on travaille (*).

De l'Imprimerie je suis retourné à la Bibliotheque & j'y ai vu quelquesuns des livres imprimés qu'on y conserve avec le plus de soin; par exemple: la Traduction espagnole de *Salluste* par l'Infant D. *Gabriel*, avec des frontispices, culs de lampes &c. très bien gravés par *Carmona*; — Un Recueil peut-être plus rare encore, de 52 estampes assés bien gravées par Mad. de *Pompadour*, sur des dessins faits d'après des

---

dit ac *Diatriben de rarissimo Codice ambrosiano præmisit* JO. BERN DE ROSSI. 1778. Nos Littérateurs même en Allemagne, quelquefois assés difficiles à l'égard des ouvrages étrangers, — je ne parle pas des romans — font beaucoup de cas des ouvrages de M. *de Rossi*.

(*) J'ai lu depuis (je crois que c'est dans les Ephémérides de Rome) qu'en effet le Roi de Sardaigne s'est montré fort généreux à l'égard du Sr. *Bodoni*, lui ayant fait remettre 2 Medailles d'or & 2 ou 3 cens Ducats. L'ouvrage a été présenté à S. M. Sarde encore en 1775.

des Camées. Le *Virgile* & le *la Fontaine* gravés; quantité d'autres ouvrages précieux par les estampes &c.

Passé à l'Académie de peinture pour prendre la liste imprimée des Professeurs & autres membres de cette Académie; MM. *Antoine Ferrari*; *Joseph Baldrighi*; *Ant. Bresciano* & *Domin. Passerini* me paroissent avoir le plus de réputation.

Le P. *Carminati* qui ne m'avoit pas quitté, m'accompagna encore par la ville pour considérer ensemble les déhors de quelques palais; mais ce n'est pas par où la ville brille; les plus belles maisons de Parme, n'ont des façades, si j'en excepte deux ou trois, que dans le goût de celles dont on voit aujourd'hui des rues entieres ornées à Berlin, si .... & ne valent pas les belles façades de quantité de maisons particulieres que le Roi a fait bâtir à Potsdam, ni celles de tant de belles maisons bâties à Berlin avant que nous eussions B...... La vérité veut cependant que je convienne, que les façades des *Palazzi* de Parme ne s'éloignent pas tant d'une noble simplicité, & que la grande place est très belle.

Je terminai ma soirée chés M. *Faure* qui me donna diverses notices littéraires en forme de commentaire sur ce que dit M. de LL. de l'état des Sciences à Parme (*).

Le 29. Mars.

Je suis retourné ce matin à Colorno, avec Mr. *Maumari*, & j'en ai vu le palais, la résidence la plus ordinaire de l'Infant Duc de Parme. Ses Appartemens sont meublés avec goût

(*) Ces notices sont comprises dans ce que je dis de l'état de la littérature à Parme dans les *Zusætze* T. I. p. 127-140; je n'y joindrai ici que quelques peu de remarques qui ne se trouvent pas encore dans ce livre. Le premier Professeur d'Anatomie, M. *Michel Gerardi*, est un homme d'un très grand mérite dans cette partie, au jugement, irrécusable, de feu M. *de Haller* qui a donné un extrait intéressant de l'ouvrage que j'ai indiqué à la fin de la p. 135, dans les gazettes litt. de Göttingue & qui nomme cet ouvrage excellent. — M. *Mazza* un très bon poete & frere du P. *Mazza* qui a succédé au P. *Paciaudi* dans la place de Directeur des antiquités, est Professeur en langue grecque & a publié encore d'autres poëmes après ceux que j'ai indiqués; un entr'autres sur les effets de la musique. — Le Comte *Ant. Cerati*, du quel j'ai parlé plus haut p. 172. a publié aussi des poësies estimées sous le nom de *Filandro Cretense* & un éloge de l'Abbé *Frugoni* imp. à Padoue 1776. 8. — Le Comte *Gasson Rezzonico* promettoit une édition complete des Oeuvres du même Poete, précédée d'une Diss. sur la poësie italienne de ce siecle &c. Enfin Parme ayant produit aussi dans les tems passés des gens de mérite on fera bien de chercher à voir un ouvrage — du quel je me serois informé si j'en avois eu connoissance: intitulé *Vari Soggetti Parmegiani illustri &c. da RANUCCIO PICCO.* Parme 1642. 4.

& affés richement, mais avec trop d'uniformité, tous de moire blanc & peint; je n'ai pas vu ceux de Mad. l'Infante; on les dit de plus de pieces, mais meublés dans le même goût; on ne les montre pas quand Elle n'est pas à Colorno, — & S. A. R. y est rarement. — Je n'ai point observé de tableaux fort remarquables. Dans la falle de Compagnie s'en trouvent 4 de payfage & de marine, faits en 1759 par *la Croce*, peintre Romain; & dans la chapelle, qui n'a d'ailleurs rien de particulier, est une Nativité, petit tableau fur cuivre qu'on dit du *Correge*, ce que j'ai cependant de la peine à croire vrai. Les planchers font beaux, en marbre à marquéterie. Dans la falle à manger, d'été, est une petite statue équestre du feu Roi *Stanislas*, en bronze. Le Théatre, fur lequel la Cour joue en automne des Comédies & des Operas comiques est affés joli. J'ai vu dans la Chambre où le Prince fait fa toilette beaucoup de Mandolines, un Clavecin, & d'autres inftrumens de mufique qui fervent à fon amufement & à accompagner la belle voix de Mad. l'Infante; j'y ai remarqué auffi une quantité de cantiques facrés fur de larges rubans de fatin, imprimés à l'honneur de plufieurs faints pour les jours de leurs fêtes. En général le Duc, grand amateur de la mufique, l'est furtout de celle d'Eglife & s'il paroît prendre plaisir quelquefois à la profane, c'est peut-être plûtôt par complaisance pour son auguste Epouse, qui pense sans doute — & très sagement — que tout a son tems.

L'église du bourg a quelques tableaux, mais la plûpart sont mauvais.

Les milles sont marquées sur le beau chemin de Parme à Colorno par des pierres miliaires (*).

Nous fumes de retour pour le diner, après lequel j'allai avec ma Cousine entendre une belle musique dans l'église de *S. Joseph*, fort ornée pour cette fête, de tentures de Damas cramoisi, de galons d'or &c. Je fis encore seul quelques promenades, pour voir le monde Parmesan en gala; je trouvai au Cours une 30e. de voitures arrêtées tristement de la façon que Mad. du *Boccage* décrit en parlant du Cours de Milan, & pour lesquelles on cherchoit des rafraichissemens dans quelques Caffés voisins.

(*) Avec un seul mais bon cheval attelé à notre Cabriolet, nous mettions exactement 13 minutes à faire un mille; mais il en faut aux *Vetturini* presque toujours 20, comme j'ai remarqué surtout dans l'Etat de l'Eglise où l'on trouve souvent également de bonnes chaussées & des pierres miliaires. Les voituriers Piémontois menent mieux que ceux des autres Provinces d'Italie.

Le 20. Mars.

Vu encore des églises; puis, avec M. M. les appartemens de Mgr. l'Infant, en Ville. Ils sont meublés assés simplement & fort uniformément, en damas de couleurs; mais en revanche le garde-meuble royal, que nous vimes ensuite à la Pilote, contient de quoi meubler avec la derniere magnificence trois ou quatre palais plus grands que celui d'où nous venions. Cette *Guardaroba* consiste en trois immenses sales, l'une au-dessus de l'autre, remplies des ameublemens & des ornemens les plus riches, dont les uns décoroient le palais qui a été démoli; d'autres ont servi dans le palais actuel, lors des Nôces de LL. AA. RR. & servent encore dans les grandes fêtes; un grand nombre d'autres sont venus de Paris pour le Palais que le Mrs. *de Félino* se proposoit de faire bâtir pour le Souverain, & n'ont jamais été employés. Dans ces Salles ou Galleries j'ai admiré le plus une Toilette magnifique & du meilleur goût, en argent doré au triple, dont LOUIS XV. fit présent à Mad. l'Infante sa fille lorsqu'elle passa d'Espagne à Parme. — Un Christ crucifié, fait aux Gobelins, d'après un tableau de *Vanloo*. — Un ameublement de velours cramoisi brodé richement en or, qui a coûté un million de livre de Parme. — Un autre brodé de mime en damas cramoisi. — Un autre très riche aussi, & plus élégant pour le goût, dont les appartemens de Mad. l'Infante étoient meublés lors de son mariage. — Une armoire remplie de girandoles de cristal & de porcelaine. — Une autre remplie des plus jolies figures de porcelaine de Saxe; *Don Philippe* en étoit fort amateur. — Plusieurs services de table en belle porcelaine. — Une immense quantité de lustres, girandoles, consoles &c. en cuivre doré & de la plus belle façon que M. du *Tillot* avoit été un peu trop pressé de faire venir de Paris pour le palais qui n'a pas été élévé, ainsi que beaucoup de jolis meubles de bois marqueté; même deux globes & une pendule de *le Paute* d'une forme peu commune.

Dans la seconde Gallerie, si je ne me trompe, étoit aussi une plaisante assemblée de Professeurs de l'Université, tous dans leurs habillemens d'ordonnance. Beaucoup de portraits des Maisons de Bourbon & de Savoye, garnissoient aussi les murailles de ces Salles & j'ai vu encore grand nombre d'autres portraits dans deux pieces plus petites au premier étage. Enfin j'ai vu, & ce n'est pas une des choses qui m'ait fait le moins de plaisir, j'ai vu dans une chambre de réserve au plein pied, le précieux Tableau de *Paul Véronese* qui étoit ci-devant dans l'église des Chartreux; il est peint sur bois & représente l'adoration des Mages; je crois y avoir remarqué beaucoup d'incorrections dans le dessin, mais elle m'empêchent pas que ce tableau ne mérite beaucoup d'attention. Dans la même chambre étoit encore une copie de ce tableau, qu'on m'a dit avoir été faite par un neveu de *Paul Véronese;* elle a des beautés, mais choque un peu par le ton de cire qui y regne (*).

J'allai prendre ensuite M. *Faure* qui me mena aux Minimes voir les oiseaux & autres animaux préparés par le Pere *Fourcaud*. Ce réligieux, dont vous pouvés avoir entendu parler, n'étoit pas lui-même à Parme; il se trouve actuellement à Rome (**), mais j'ai vu son Ca-

(*) En relisant la p. 473. du T. I. du Voy. de M. *de la Lande*, je m'apperçois qu'il ne dit pas que l'original soit de *P. Véronese*, mais de *Jérome Mazzola* & peint dans la manière de *P. Véronese*; il ne fait pas mention non plus de la copie, qui pourtant doit être faite depuis longtems si elle est d'un neveu de *P. Véronese*; j'ai rapporté ce que j'ai entendu dire; d'autres pourront prendre des informations sur ce sujet: peut-être trouvera-t-on aussi quelques éclaircissemens dans le *Guida ed esatta notizia a Forestieri, delle piu eccellenti pitture che sono in molte chiese della città di Parma &c.* del Sig. *Cl. Ruta* Parme 1752. j'ai négligé de me le procurer, fier de posséder le grand ouvrage de M. de LL. que je n'ai acquis en propre qu'à Parme.

(**) Je l'y ai vu, mais il est mort peu après. M. *de la Lande* en parle a la p. 495. — A la même page il fait

binet qui est bien la collection d'histoire naturelle la plus propre à amuser des curieux de toutes les classes. Tous ces animaux semblent vivre: des oiseaux, grands & petits, avec leurs nids; des chats, des chiens, des lievres, un daim, des souris de toutes couleurs &c. Les plus beaux oiseaux & les plus petits quadrupedes sont conservés sous de grandes cloches de verre; plusieurs aussi dans de petits récipiens fermés, tout d'une piece par le bas & n'ayant au haut qu'une très petite ouverture avec un bouchon, en sorte qu'on a de la peine à concevoir comment le P. *Fourcaud* y a pu arranger des nids d'oiseaux, y faire entrer & y suspendre de grands œufs d'autruche & tant d'autres pieces incomparablement plus grandes que l'orifice; c'est un secret qu'il a, dit-on, révélé à l'Académie des Sciences de Paris; qui ne doit être publié qu'après sa mort & qui ne consiste peut-être qu'en une manière fort adroite de soufler le verre, pour fermer presqu'entierement le bocal après que tout y est arrangé (*).

Cinq

mention d'un Apothicaire qui doit avoir formé un très bel herbier de plantes rassemblées dans les Alpes: peut-être est ce M. *Utrici* qu'on m'a dit être un homme de mérite & surtout bon Chymiste.

(*) On trouve effectivement dans les Mémoires de l'Acad. des Scienc. de Paris p. l'Année 1770. à la p. 24. de

Cinq ou six grandes armoires sont remplies d'animaux point renfermés dans du verre: bien conservés cependant, quoique pas au même dégré de fraîcheur que ceux auxquels l'air n'a point d'accès. On ne peut s'empêcher de rire à l'ouverture de celle qui contient un grand orchestre d'écureuils, de rats, de chats &c. jouant de divers instrumens, dans des attitudes plaisantes & naturelles en même tems.

Une grande collection d'œufs & de nids & de diverses autres curiosités, rendent ce cabinet encore plus digne d'attention. — J'y ai vu aussi une bonne copie du *Correge* de l'Académie, faite par un jeune peintre qui est à Bologne.

Le Couvent des Minimes est spacieux. Dans un coin du corridor sont tracées, sur la muraille & sur la voûte, un grand nombre de lignes qui forment un Cadran solaire catoptrique; y ayant devant la fenêtre un petit miroir

---

l'*Histoire*, une *Obs. sur des oiseaux desséchés conservés dans des bocaux dont l'orifice étoit de médiocre grandeur. Secret déposé cacheté à l'Académie par le P. FOURCAUD*, (c'est ainsi que l'indique la Table de M. l'Ab. Rozier)., mais cet écrit, d'une demi-page seulement, ne contient que quelques remarques générales, & je ne sache pas que l'Académie ait usé encore de la permission de dévoiler le mystere après la mort de l'inventeur; je m'en suis informé par occasion, en écrivant à un académicien même, mais il ne m'a pas répondu sur cet article....

Tom. III.   P

qui réfléchit la lumiere du Soleil sur ces lignes, à côté desquelles on a indiqué les heures, les signes du Zodiaque & je ne sais plus quoi d'autre encore; le tout fait une figure fort confuse dont j'aurois désiré de lire une explication, ou du moins de voir l'effet, à quoi le ciel couvert s'opposoit.

En revenant chés moi d'un bon pas, je mis 24 minutes pour arpenter toute la longueur de la *Strada grande*.

Après le dîner, le P. *Carminati* m'a conduit chés M. le D. *Maneci*, Médecin praticien fort estimé, pour le savoir & pour l'expérience, & qui m'a paru être à tous égards un homme très respectable. De là je suis allé chés le Comte *Rezzonico* qui m'a mené chés Mad. la Marquise *Fogliani*; comme elle alloit sortir j'ai eu seulement le tems de m'appercevoir que j'avois sujet de regretter que cette visite, faite sous la porte, eut été si courte.

Je me suis fait montrer ensuite de nouveau, dans l'église du S. Sepulcre, la belle *Madonna della Scodella* du *Correge*; qu'on est bien dédommagé de la bagatelle qu'on donne pour faire tirer le rideau ou plûtôt une autre peinture qui la couvre; qu'on est frappé agréablement, & même plus encore que la premiere fois, à la vue de cet admirable tableau! que de peine l'on a de s'en arracher! Cette vierge est si intéressante, & l'enfant qu'il est charmant! je le préfere de beaucoup à celui de la Vierge du St. Jérome, seulement y peut-on reprendre que le bras soit un peu trop gros. Je ne disconviendrai pas non plus que les anges & surtout les nuages qui remplissent le haut du tableau, tiennent un peu du barbouillage & font peu d'honneur au *Correge*, à moins que cette partie n'ait été retouchée par quelque main mal-habile; quoiqu'il en soit, le moelleux & les graces inexprimables répandues sur la partie principale compensent amplement ce défaut. — Vis à vis de cet autre chef-d'œuvre du *Correge*. est un tableau qu'on voit encore avec plaisir après celui-là & je suis surpris que ni M. *Cochin* ni M. *de la Lande* n'en parlent; il est de *Jérome Mazzola* & tient beaucoup de la maniere de son Cousin le célebre *Parmesan;* c'est assés dire qu'il est fort gracieux & plein de mérite à plusieurs égards.

Retourné à la maison j'en suis resorti encore avec M. *Maumari*, fils cadet, pour faire une visite au célebre M. *Petitot;* je n'eus pas le plaisir de faire sa connoissance, nous ne le trouvâmes pas; mais je parcourus son *Cours d'architecture* imprimé, & un recueil de beaux dessins de cheminées, de son invention; & je vis dessiner ses éleves, dont l'un finissoit une grande place d'une invention fort noble.

Le 21. Mars.

M. *Mathé*, qui m'a donné à déjeuner ce matin, m'a régalé encore mieux par l'expérience complete du jeu de sa petite machine à feu; elle a différens accessoires qui manquent à celle de Londres, mais le tems & la mémoire me manquent pour vous en rendre compte exactement.

En faisant ma visite de congé au P. *Bina* j'eus le plaisir d'entendre une belle musique d'église à St. Jean & de voir officier l'Abbé des Bénédictins.

La visite que je fis ensuite au P. *Carminati* me valut également encore un repas pour ma curiosité; ce Savant complaisant me mena à l'Université, chés le Pere *Cravasio*, Professeur de Physique & d'Histoire naturelle, qui me montre un joli commencement d'un cabinet & d'une collection de livres d'histoire naturelle.

J'ai cherché encore, me trouvant à l'Université, de voir l'observatoire dont je vous ai parlé, mais la clef se trouva rompue.

Je n'avois pas manqué non plus de m'informer d'une collection d'instrumens de Physique & d'Astronomie que Mr. de LL. dit (p. 489.) devoir se trouver chés le Comte *Costerboza*, mais j'ai eu le regret d'apprendre que cet Amateur étoit mort, fans qu'on ait pu me dire quel a été le fort de fon cabinet.

L'après-dîner, le Comte *della Torre di Rezzonico*, ne m'a pas laiffé non plus prendre congé de lui fans me donner encore une grande marque de fa complaifance & de fon eftime. Il m'a mené chés une des Dames les plus aimables & les plus diftinguées de Parme, Mad. la Comteffe de *San Vitale*. Je gagnai par une plus longue converfation avec cette Dame, qui a beaucoup d'efprit, à ne pas voir la gallerie de Tableaux qui orne fon palais; le Concierge qui en a la clef, ne s'étant pas trouvé au logis. Cette Collection cependant doit être très-belle, fuivant ce que différentes perfonnes m'ont dit; elle peut d'ailleurs Vous être connue par un tableau, fi je ne me trompe, du *Guerchin*, que *Strange* a gravé; preuve que déjà pour ce tableau feul la gallerie mériteroit une Courfe; mais la Comteffe m'a fait l'honneur de me dire que fon époux en a auffi de *L. da Vinci*, du *Parmefan*, des *Carraches* & d'autres grands maîtres, & qu'il y en même un qu'on foupçonne être du *Correge*; elle ajoûta qu'à leur Terre de *Fontanellato* (dont Mr. *de la Lande* fait mention à la p. 500.) eft une très belle fresque du *Parmefan*, mais négligée parce qu'après des changemens faits dans la maison elle se trouve dans un réduit écarté.

Après une seconde tentative inutile pour faire la connoissance de Mr. *Petitot*, je revis pour la troisieme fois la belle *Madonna della Scodella* avec d'autres étrangers que j'avois vu entrer dans l'église, & je ne pouvois mieux finir mon séjour à Parme que par ce dernier hommage au grand Artiste qui aujourd'hui illustre le plus cette ville, ou du moins y attire presqu'uniquement la plûpart des Voyageurs (*).

C'est à demain matin qu'est fixé mon départ pour la *Ville* & peu d'heures après, cette lettre prendra une route tout opposée, avec quelques matériaux que j'ai mis au net ici pour nos Ephémérides. J'espere de pouvoir recevoir du moins une fois de vos nouvelles dans ces contrées, avant mon retour en Suisse. &c.

(*) J'aurai occasion de parler encore de Parme dans la suite, y ayant repassé à mon retour de Rome.

www.ingramcontent.com/pod-product-compliance
Lightning Source LLC
Chambersburg PA
CBHW051908160426
43198CB00012B/1808